Leben mit Trump

Hugo Portisch

LEBEN MIT TRUMP
EIN WECKRUF

SALZBURG – MÜNCHEN

FSC
www.fsc.org

MIX

Papier aus ver-
antwortungsvollen
Quellen

FSC® C012536

1. Auflage
© 2017 Ecowin Verlag bei Benevento Publishing,
eine Marke der Red Bull Media House GmbH, Wals bei Salzburg

Medieninhaber, Verleger und Herausgeber:
Red Bull Media House GmbH
Oberst-Lepperdinger-Straße 11–15
5071 Wals bei Salzburg, Österreich

Satz: MEDIA DESIGN: RIZNER.AT
Printed in Austria
ISBN 978-3-7110-0127-6

Inhalt

Vorwort

In meiner journalistischen Arbeit gab es über viele Jahre hinweg immer einen Fixpunkt, der unverrückbar wiederkehrte: die Präsidentschaftswahlen in den USA, immer ein Höhepunkt zum Miterleben, Kommentieren und, wie ich meine, immer eine Weichenstellung in der Weltpolitik. Jeder Kandidat, der dann gewählt und Präsident der Vereinigten Staaten von Amerika wurde, hatte seine besonderen Eigenheiten und brachte diese ein in seine Art zu regieren.

John F. Kennedy (1961–1963) war ein mitreißender Redner, der es verstand, die Menschen zu begeistern und mitzunehmen auf seinem Weg zur Neugestaltung Amerikas, ja der Welt. Sein gewaltsamer Tod hat, so glaube ich, einen Großteil der Menschheit zutiefst erschüttert und bewegt. Viele hatten das Gefühl, einen persönlichen Verlust erlitten zu haben – jemanden verloren zu haben, von dem sie meinten, sie hätten ihn gut gekannt, hätten ihm vertraut und er hätte ihr Vertrauen gerechtfertigt.

Richard Nixon (1969–1974) ist der bisher einzige amerikanische Präsident, der von seinem Amt zurückgetreten ist. Ihm haben wenige nachgetrauert. Es brauchte auch geraume Zeit, ehe die Welt und die USA sich ein halbwegs gerechtes Bild von diesem Präsidenten gemacht hatten. Jahrelang hatte er sich angestrengt, den von seinen Vorgängern begonnenen Krieg in Vietnam ohne größeren Schaden für die USA zu beenden. Er war der erste amerikanische Präsident, der es wagte, mit dem kommunistisch gewordenen China Beziehungen aufzunehmen und sich zu diesem Zweck sozusagen in die Höhle des Löwen zu begeben, zum Vater der chinesischen Revolution Mao Zedong. Und einer, der sich persönlich einsetzte, um die europäischen Verbündeten der USA des Schutzes und der Bündnistreue Amerikas zu versichern. Er verspielte seinen Ruf und sein Amt durch eine sehr dumme Entscheidung: Er ließ in der Parteizentrale seiner politischen Gegner, der Demokraten, einbrechen, um zu erfahren, was sie im Wahlkampf gegen ihn geplant hatten. Und er leugnete diese Entscheidung, als sie aufflog.

Ich begleitete Nixon auf seiner großen Europareise. Getroffen habe ich ihn zum ersten Mal, als er noch Vizepräsident unter Präsident Eisenhower war und 1957 nach Wien kam, um einen Teil der ungarischen Flüchtlinge aus Österreich in die USA zu holen. Aber ich hatte oft das Empfinden, Nixon wäre ein ängstlicher Mensch. Einer, der stets um Vertrauen warb, aber nicht glauben konnte, wenn man ihm Vertrauen entgegenbrachte.

Ich begegnete Nixon mehrmals in den USA, in Europa, auch in Österreich. Es war die Zeit der großen Demonstrationen gegen den Vietnamkrieg, für dessen Nicht-Beendigung Nixon jahrelang verantwortlich gemacht wurde. Auf dem Weg von Washington zu einem Treffen mit der Sowjet-Führung in Moskau machte Nixon Halt in Salzburg, um den Jetlag zu überwinden.

Kreisky hatte ihn dazu eingeladen, aber eine Stunde lang konnte Nixons Flugzeug in Salzburg nicht landen, weil der Flugplatz von Demonstranten besetzt war. Ich berichtete von dort für den ORF und konnte nicht glauben, dass Polizei und Gendarmerie nicht in der Lage waren, den Flugplatz zu räumen. Zu den Demonstranten damals zählten auch der Zukunftsforscher Robert Jungk und der Sohn des Bundeskanzlers, Peter Kreisky. Jungk wehrte sich so hartnäckig gegen die Polizei, dass er nur mit einem Schlagstock vertrieben werden konnte, was er sehr wirksam vor der Fernsehkamera berichtete. Nixon übernachtete in Schloss Kleßheim, sein Sicherheitsberater Henry Kissinger im Hotel in Salzburg. Nach dem Frühstück stand ich mit Kissinger am Fenster des Hotels. Wir sahen hinunter auf die Straße, auf der junge Demonstranten ganz heftig gegen Nixon protestierten. Trocken meinte Kissinger: »Wie bei uns zu Hause.«

Kissinger wurde damals vorgeworfen, die Hauptschuld daran zu tragen, dass Nixon die Bombardierung Kambodschas, des an und für sich neutralen Nachbarlandes Vietnams, angeordnet hatte. Ein Vorwurf, der auch heute noch erhoben wird. Dazu sagte Kissinger damals: »Kambodscha war im Krieg, Tausende Nordvietnamesen drangen über Kambodscha in Südvietnam ein, täglich verloren wir an die 500 amerikanische Soldaten durch sie. Wir mussten diesen Durchmarschweg zerstören.«

Nixons nicht gewählter, sondern vom Kongress eingesetzter Nachfolger Gerald Ford (1974–1977) stellte sich später auch in einem Wahlkampf, es war der ruhigste und angenehmste, den ich erlebte. Ford hatte sich entschlossen, auf einem alten Raddampfer den Mississippi hinunterzufahren, bei jeder größeren Ortschaft am Fluss ließ er anhalten und hielt eine Wahlrede an die herbeigeeilten Farmer und Baumwollpflücker, und bei jedem Halt standen hübsche, bunt gekleidete Mädchen Spalier: *Southern Belles* wurden sie genannt. Einer der mitreisenden Senatoren erlitt einen Herzanfall. Und da zeigte sich, was es heißt, mit dem Präsidenten unterwegs zu sein: Innerhalb von zwei Minuten landete ein uns begleitender Helikopter und brachte den Senator ins nächste Krankenhaus.

Gerald Ford scheiterte bei dieser Wahl, sein Nachfolger wurde Jimmy Carter (1977–1981), ein bis dahin völlig unbekannter Erdnussfarmer. Das war seine Stärke: Ich war dabei, als Carter in kleinen Ortschaften von Haus zu Haus ging, anklopfte und dann sagte: »Ich bin Jimmy Carter und will Präsident der USA werden.« Nirgendwo gelang es seiner Demokratischen Partei, für ihn ein größeres Publikum auf die Straße zu bringen. So wurde vom Wahlkampf-Hauptquartier aus in der als nächstes anzufliegenden Stadt die örtliche Parteibehörde beauftragt: Stellt zwei Wände auf mit Wahlplakaten, versammelt einige jubelnde Menschen davor und sorgt dafür, dass die Kameras nur diesen Blickwinkel filmen.

Einer der interessantesten Wahlkämpfer, den ich erlebte, war der damals international etwas belächelte Ronald Reagan (1981–1989), weltbekannt als Schauspieler in Dutzenden Hollywoodfilmen. Man konnte sich ihn als Präsident der USA kaum vorstellen. Während des Wahlkampfs gewährte er mir ein einstündiges Gespräch, zu dem er mich einfach mitnahm in seinen Wahlkampfbus. Und ich staunte. Er kannte die Weltlage ganz genau, er wusste, was da auf ihn zukam, und im Laufe des Gesprächs sagte er einen Satz, an den ich mich später immer wieder erinnern musste: »Ich werde die Russen nie wissen lassen, was ich im Schilde führe, ich werde ihnen nie Vorschläge machen. Die müssen zu mir kommen, und sie werden die Vorschläge machen. Glauben Sie mir, die halten das nicht aus.« Und sie hielten es nicht aus.

Reagan besuchte Westberlin, stand beim Brandenburger Tor vor der unter Ulbricht errichteten Mauer und mit lautstarker Stimme rief er hinüber: »Herr Gorbatschow, reißen Sie diese Mauer ein!« Und es war dann schließlich Gorbatschow, unter dem diese Mauer weggerissen wurde. Lange davor hatte es ein Treffen zwischen Reagan und Gorbatschow in Reykjavík auf Island gegeben. Eine Nacht, die für beide unvergessen blieb. In dieser einigten sie sich nämlich darauf, fast sämtliche Atomwaffen auf beiden Seiten abzubauen. Es war das weitestgehende Abrüstungsversprechen, das es jemals gab. Stolz kamen beide nach Hause, und beide erlebten daheim ihre größte Niederlage: Ihre Parteien, ihre Abgeordneten und Senatoren, ihre Berater, sie alle hielten diese Übereinkunft für eine Katastrophe. Wie Kissinger es mir gegenüber einmal formulierte: »Keine Nation, die etwas auf sich hält, wird auf ihre Atomwaffen verzichten.«

Eine Idee verpufft

Lange Zeit wusste man nicht, dass Reagan und Gorbatschow sich derart weit vorgewagt hatten. Als die Sowjetunion zusammenbrach, dachte ich mir, jetzt sollten die USA dem noch im Amt befindlichen Präsidenten Gorbatschow das Angebot machen, die am Boden liegende Sowjetunion mit einem eigenen Marshallplan zu bedenken, im Austausch für eine totale Atomabrüstung. Ich erzählte das dem früheren ORF-Generalintendanten Gerd Bacher. Kurz davor war er noch als Berater beim deutschen Bundeskanzler Helmut Kohl tätig gewesen. Bacher berichtete Kohl von dieser Idee, und Kohl stand gerade vor einer Reise in die USA zum Präsidenten George Bush (1989–1993). Er sollte Bush die Idee vortragen. Aber er kam nicht dazu. Kurz danach reiste Österreichs Bundeskanzler Franz Vranitzky zu George Bush. Auch er nahm die Idee mit, und er trug sie vor, erhielt aber eine erstaunliche Antwort: »Genau das tun wir ja schon.« Was der Präsident wirklich damit meinte, war etwas ganz anderes: Die USA hatten sich bereit erklärt, Russland alle Kosten zu ersetzen, die bei der Abrüstung und Zerstörung deaktivierter Atomraketen und Atom-U-Boote anfallen. Das wurde in der Tat auch so umgesetzt, aber von einem Marshallplan konnte da nicht die Rede sein.

George Bush aber erwarb sich ein anderes, großes Verdienst: Er trat vorbehaltlos für den Abzug der Sowjets aus Ostdeutschland und die Wiedervereinigung Deutschlands ein. Das war bei Weitem keine Selbstverständlichkeit, nicht der bedingungslose Abzug der sowjetischen Truppen und schon gar nicht die Wiedervereinigung der beiden Teile Deutschlands. Diese war vertragsmäßig an die Zustimmung aller vier Besatzungsmächte in Deutschland gebunden. Interessanterweise war Gorbatschow der Erste, der sich dafür aussprach und bereit war, die Vorbedingungen zu erfüllen. Aber weder in Frankreich noch in England fand die Vorstellung einer Wiedervereinigung Deutschlands Sympathie.

Die britische Premierministerin Margaret Thatcher und der französische Ministerpräsident François Mitterrand berieten sich in der Angelegenheit. Wie es später hieß, soll Thatcher Mitterrand zugeredet haben, den Deutschen das Nein Frankreichs mitzuteilen, mit den Worten: »Sie sind ja der Freund der Deutschen, Sie können das tun.« Aber beide wussten, dass sie sich das im Grunde genommen nicht leisten konnten, sie hatten ebenso wie die Amerikaner den Deutschen immer wieder versprochen, sich für die Wiedervereinigung Deutschlands einsetzen zu wollen. Jetzt wäre es so weit gewesen. Aber es war der amerikanische Präsident George Bush, der ohne zu zögern das Machtwort sprach: »Ja. Wir haben es versprochen, wir halten es.«

Mit George Bush schien sich auch das Verhältnis der USA zur Weltpolitik prinzipiell zu ändern. Er überraschte mit der Erklärung, dass die USA die Weltordnung sozusagen zurück in die Hände der Vereinten Nationen legen würden. Die UNO war 1945 gegründet worden, mit dem Ziel, in Zukunft den Frieden in der Welt zu erhalten, also Kriege zu verhindern, Konflikte beizulegen und allüberall Frieden herzustellen. Die USA, so sagte George Bush, würden ihre militärische Macht künftig der UNO zur Verfügung stellen, sodass diese ihren Aufgaben gerecht werden könne. Zur ersten dementsprechenden Herausforderung kam es, als der irakische Diktator Saddam Hussein im August 1990 mit seinen Truppen das kleine Scheichtum Kuwait besetzen ließ. Saddam Hussein wollte damit die hohen Schulden des Irak an Kuwait loswerden – und gleichzeitig die Ölfelder Kuwaits für den Irak sicherstellen. Der UNO-Sicherheitsrat beschloss eine Resolution, die einen militärischen Einsatz gegen den Irak und die Vertreibung von Husseins Truppen aus Kuwait billigte. Präsident Bush hielt sich an seine Ankündigung, Amerikas Macht der UNO zur Verfügung zu stellen, und stellte eine Koalition der Kriegswilligen gegen den Irak zusammen. An dieser Koalition nahmen auch Großbritannien und Frankreich, Italien und die Türkei teil, sowie Saudi-Arabien und außer Jordanien alle anderen arabischen Staaten. Interessant war, dass sich auch die ehemalige Tschechoslowakei und Polen dieser Koalition anschlossen. Beide Staaten entsandten Soldaten.

Alle Versuche des Irak, durch Verhandlungsangebote den Einsatz der Koalitionskräfte im letzten Moment zu verhindern, scheiterten am Einspruch der USA. In Saudi-Arabien und in den kleinen Golfstaaten wurde der Krieg gegen den Irak begrüßt und als Abwehr weiterer irakischer Gebietsansprüche in der Golfregion verstanden. Der Krieg endete rasch mit der Vertreibung der irakischen Truppen aus Kuwait und der Kapitulation des Irak, worauf ein weiteres Vordringen der Koalitionskräfte, insbesondere der Amerikaner in die irakische Hauptstadt Bagdad unterblieb. Präsident Bush hatte also diesen Krieg aufgrund mehrerer Resolutionen der UNO geführt und mit Beteiligung von insgesamt 23 Staaten gewonnen. Der Feldzug ging unter dem Namen »Wüstensturm« in die Geschichtsbücher ein.

Wer nicht mit uns ist

Keine Freude hingegen bereitete der Welt der Sohn von George Bush, George W. Bush (2001–2009). Zugegeben, er stand vor einer großen Herausforderung: In seiner Präsidentschaft fand am 11. September 2001 der große Terrorangriff auf das World Trade Center in New York statt. Zwei von Angehörigen der Terrororganisation al-Qaida gekaperte, große Passagierflugzeuge rasten in die beiden Türme und brachten sie zum Einsturz. Es gab über 3000 Tote, und der Schock war für ganz Amerika, ja, für die Welt gewaltig. Ich kommentierte das Ereignis und seine Folgen nahezu 48 Stunden lang im ORF. Weder die Täter noch die Organisation, die dahinterstand, waren zur Stunde bekannt. Aber ich war überzeugt davon, dass das keine Attentate sein konnten, die Einzeltäter geplant und durchgeführt hatten. Dazu kam bald die Nachricht, dass ein drittes Flugzeug in das Pentagon, den Sitz des amerikanischen Verteidigungsministeriums, gerast war. Und ein viertes auf dem Weg nach Washington im Zuge eines Angriffs der Passagiere auf die Entführer vorzeitig abgestürzt war.

Präsident George W. Bush saß zu dieser Zeit als Besucher in einer Schule. Entsetzt überbrachte man ihm die Nachricht, und so wie viele konnte es der Präsident einen Moment lang gar nicht glauben. Aber für die Sicherheitsbeamten des Weißen Hauses trat da schon der für einen solchen Fall vorgesehene Plan in Kraft. Das Wichtigste zuallererst und schnell: Der Präsident musste in Sicherheit gebracht werden, dazu war vorgesehen, dass er mit dem Helikopter in einen bombensicheren Bunker zu bringen war. Das geschah auch, und Bush rief von hier aus die Nation zu Disziplin und Ruhe auf. Als das Ausmaß der Katastrophe und bald danach die Drahtzieher bekannt wurden, kannte George W. Bush nur eine Aufgabe: Die Täter waren aufzuspüren und zur Verantwortung zu ziehen. Das allerdings erwies sich als recht schwierig. Al-Qaida bekannte sich zu den Anschlägen, ihr Anführer hieß Osama bin Laden. Bald kannte man auch das Land, in dem er sich aufhielt – Afghanistan. Die USA forderten die Auslieferung Osama bin Ladens, aber die afghanische Regierung, in der damals die Taliban saßen, verweigerte dies. Arabisches Gastrecht könne so nicht verletzt werden. Was schließlich recht schnell zum Krieg der USA gegen Afghanistan führte. Erstmalig trat Paragraph 5 des NATO-Vertrages in Kraft: Der Angriff auf einen Staat wird von allen Mitgliedern als Angriff gegen sich selbst gewertet. Deutschland, Großbritannien, Frankreich, Italien – die NATO-Mitglieder eilten Amerika zu Hilfe im Krieg gegen Afghanistan. Genau genommen ist er bis heute noch nicht zu Ende.

Und weil es den Amerikanern damals nicht gelang, Osama bin Laden aufzuspüren, stellte George W. Bush seine eigenen Regeln für das weitere Verhalten der USA auf: Jeder, der sich dem Kampf nicht anschloss, wurde automatisch zum Gegner der USA erklärt: »Wer nicht mit uns ist, ist gegen uns.« Dieser von Bush aufgestellte Grundsatz widersprach allen Regeln des Völkerrechts. George W. Bush erfand dazu auch gleich neue Feinde: die sogenannten Schurkenstaaten; dazu zählte er den Iran, Irak, Syrien, Libyen, Nordkorea und Kuba. Und da Osama bin Laden weiterhin spurlos verschwunden blieb, George W. Bush also keinen Schuldigen fangen und Rache üben konnte, suchte er sich einen neuen, fassbaren Gegner aus. Saddam Hussein, der Präsident des Irak, sollte es sein, der Feind, den sein Vater noch geschont hatte.

Aber der jüngere Bush brauchte doch auch eine Begründung zum neuen Angriff auf den Irak und die ließ er von der CIA konstruieren. Diese produzierte Luftaufnahmen, die das Vorhandensein von Massenvernichtungswaffen im Irak beweisen sollten: chemische Waffen, Giftgas und vielleicht noch Schlimmeres. Der Außenminister der

USA Colin Powell trat im Sicherheitsrat der UNO auf und versuchte, dessen Mitglieder von der Echtheit und damit von der Gefährlichkeit dieser von der CIA »entdeckten« Waffen zu überzeugen. Gestützt auf diese gefälschten Grundlagen, ließ George W. Bush die US-Streitkräfte nochmals den Irak angreifen und diesmal bis nach Bagdad marschieren. Hier waren es US-Soldaten und nicht etwa irakische Bürger, die eine Statue von Saddam Hussein stürzten, schon ein Zeichen dafür, dass die USA nicht mit der Unterstützung der Bevölkerung rechnen konnten. Die amerikanische Armee hatte auch Aufträge zu erfüllen: Sie besetzte so rasch wie möglich die wichtigsten Ölgebiete des Landes, in Bagdad unternahm sie nichts, um das einzigartige, antike Museum vor Plünderungen zu schützen, aber sie besetzte sofort das für die Erdölförderung zuständige Ministerium.

Ich zog daher bei meiner Bewertung der Situation im ORF den Schluss, dass dieser Krieg offenbar nichts mit einer Bedrohung durch Massenvernichtungswaffen zu tun hatte, sondern eindeutig eine militärische Präsenz der USA im Herzen des Nahen Ostens etablieren sollte, um damit nicht nur im Irak selbst, sondern auch in allen angrenzenden Golfstaaten die damals lebenswichtigen Öllieferungen in die USA abzusichern. Ähnlich sahen das auch Deutschland und Frankreich, die nicht an der Seite der USA in diesen Krieg zogen. Der damalige deutsche Bundeskanzler Gerhard Schröder erklärte, Deutschland sei bereit, seine Bündnispflicht zu erfüllen, nicht aber in Abenteuer verwickelt zu werden.

Ein Schwarzer im Weißen Haus

Eine unerwartet positive Überraschung war nach dem Ende der Präsidentschaft von George W. Bush das Auftreten des ersten schwarzen Präsidentschaftskandidaten in den USA, Barack Obama. Der 48-jährige Rechtsanwalt aus Chicago hatte sich über die Jahre bereits als Abgeordneter und Senator der Demokratischen Partei für den Staat Illinois bewährt und gewann 2008 die Vorwahl als Präsidentschaftskandidat seiner Partei.

Obama galt schon damals als einer der begabtesten Redner in der US-Politik und überzeugte mit seinen Plänen und Ansprachen die Menschen. Seinen Durchbruch erzielte er schon 2004 mit einer Grundsatzrede zum Irakkrieg George W. Bushs. Der Krieg hatte die Nation gespalten, Obama versuchte zu versöhnen: »Es gibt Patrioten, die gegen den Krieg im Irak waren, und es gibt Patrioten, die ihn unterstützten, wir sind ein Volk, es gibt kein schwarzes und weißes Amerika, wir alle schwören dem Sternenbanner Gefolgschaft, wir alle verteidigen die Vereinigten Staaten von Amerika.« Seine innerparteiliche Gegnerin bei dieser Vorwahl war Hillary Clinton. Doch der Afroamerikaner konnte seine Parteifreunde von sich überzeugen.

Bei der Wahl zum Präsidenten im November 2008 gewann Obama eine Mehrheit von 365 Wahlmännern und 52,9 Prozent aller abgegebenen Wählerstimmen gegenüber 173 Wahlmännern und 45,7 Prozent für seinen republikanischen Gegner Senator John McCain.

Zu einem seiner größten Verdienste als Präsident gehört Obamas Gesundheitsreform, die in Amerika auch den Namen Obamacare trägt und die über zwölf Millionen bis dahin nicht versicherte Amerikaner mit einer Krankenversicherung ausstattete. Dieses Programm konnte er nur mit einer knappen Mehrheit im Kongress durchsetzen, und seither war es unentwegt Ziel der Angriffe aus dem republikanischen Lager. Das hatte einerseits damit zu tun, dass die Republikaner an sich gegen das Auftreten des Staates anstelle privater Institutionen wie eben auch der Krankenversicherung sind, aber zweifellos galt für die Republikaner in allen acht Jahren der Präsidentschaft Obamas der Vorsatz, den Mann im Weißen Haus in keiner Frage gewinnen zu lassen. Wie immer man es wendet, war das ein gar nicht so verdeckter Rassismus.

Donald Trump nutzte dieses Vorurteil in seinem Wahlkampf, wie er auch so gut wie alle Vorurteile bestätigte und verwendete, um sich den Jubel seiner Anhänger zu sichern. Das wurde selbst in seiner eigenen Republikanischen Partei nicht durchgehend für gut befunden. Aber Trump hielt sich an keine ihn in irgendeiner Weise einschränkenden ethischen Grundsätze.

Political Correctness, gab Donald Trump offen zu, dafür habe er »keine Zeit«. Damit bricht er die Regeln für anständiges Benehmen, für Anerkennung des Gegners, für Anstand gegenüber der Gesellschaft. Er hatte ja auch keine Skrupel, im Wahlkampf Frauen im großen Stil zu beleidigen, weil ihm eine Journalistin im Fernsehen harte Fragen gestellt und ihn in Verlegenheit gebracht hatte. Er prahlte auch damit, jede Frau sexuell belästigen zu können und viele auch belästigt zu haben – das könne man sich eben erlauben, wenn man reich genug sei, meinte er. Einen behinderten Mann, der sich schwerfällig bewegte, äffte Trump nach und gab ihn der Lächerlichkeit preis. Einem Ehepaar gegenüber, dessen Sohn in Afghanistan gefallen war, brachte er kein Mitgefühl entgegen, weil dieser ein Moslem gewesen war. All das rief die nahezu zahllosen Geschichten über die schlechte Behandlung von Menschen in Erinnerung, die Donald Trump bei verschiedenen Gelegenheiten auf seinen eigenen Golfplätzen und Baustellen zur Schau gestellt hatte.

Dazu kommt seine immer wieder gezeigte Eigenschaft, sich mit Fragen nur oberflächlich abzugeben und Probleme recht schnell als gelöst oder nicht vorhanden abzutun. Wird er mit solchen Fehlentscheidungen konfrontiert, reagiert er fast nie mit einer Entschuldigung oder plausiblen Erklärung, sondern leugnet sie ab oder schreit sie weg. Dieses irritierende Benehmen hat viele Menschen in Amerika und so manche seiner Parteimitglieder, darunter Spitzenpolitiker der Republikaner, alarmiert und zu großer Skepsis gegenüber Trump bewegt. Hillary Clinton, seine Gegnerin im Wahlkampf, betonte immer wieder, dass man einem Mann mit solchen Charaktereigenschaften nicht das Kommando über die amerikanischen Atomstreitkräfte überlassen sollte.

Ich gebe zu, dieses Benehmen hat auch mich sehr irritiert. Einem Kandidaten mit solchen Eigenschaften war ich in all den Jahren in der internationalen Politik nie begegnet. Aber einige Menschen, die Donald Trump nahestehen und meinen, ihn gut zu kennen, versuchen, ihn zu verteidigen, indem sie ihn »erklären«. Ja, er sei sehr eitel, er reagiere heftig auf alles, was diese Eitelkeit betreffe, aber ein paar Momente später wisse er schon, was er angestellt, wo er die Grenzen der Zulässigkeit überschritten habe, und dann wäre man erstaunt, wie überlegt und sachlich er doch handeln könne. Das sei ja auch das Geheimnis seines geschäftlichen Erfolges – Donald Trump ist Milliardär und sein Vermögen hat er nicht nur durch Spekulationen, sondern mit den von ihm geschaffenen Immobilienprojekten erworben: vom Trump Tower in New York City bis zu vielen kleineren, aber fast genauso imposanten Bauten in nahezu allen größeren Städten der USA und vielen aufsehenerregenden Hotel-, Wohn- und Wirtschaftsprojekten in der Welt, darunter auch einige innerhalb der Film- und Fernsehbranche. Seine Popularität erwarb sich Trump keineswegs erst durch seine groben, bizarren Aussprüche während des Wahlkampfs, sondern durch seine jahrelang höchst populären, von ihm persönlich moderierten Radio- und Fernsehsendungen, meist ausgestrahlt von eigenen oder ihm ergebenen Sendern wie etwa dem Fernsehsender Fox.

Das alles sagt noch immer nicht viel aus über die Art, wie Donald Trump seine Präsidentschaft ausüben wird. Ich versuchte sehr, da einen Hinweis zu entdecken. Und vielleicht ist mir ein solcher auch aufgefallen. Bei den Bemerkungen Trumps, die er anlässlich der Bestellung der einzelnen Mitglieder für sein Regierungsteam von sich gab, betonte er bei fast allen eine Eigenschaft, über die sie im besonderen Maße verfügten: Sie hätten die Fähigkeit, »einen Deal auszuhandeln«, also einen Handel abzuschließen, eine Verständigung durch Geben und Nehmen herbeizuführen.

Mit Putin reden

Ja, so kann ich mir vorstellen, dass Trump etwa mit Putin versucht, auf diese Weise weltpolitische Entscheidungen auszuhandeln. Gibst du mir, so geb ich dir, das würde nach allen Erfahrungen, die wir mit Putin haben, durchaus auch dessen Zielsetzung entsprechen: wieder auf Augenhöhe mit dem Mächtigsten der Welt die anstehenden internationalen und bilateralen Probleme auszuhandeln, unter voller Anerkennung seiner eigenen Stärke und seiner Wünsche. Dies könnte befürchten lassen, dass Trump, der Ungeduldige, der Schnell-Entscheider, der Alleswisser, über den Tisch gezogen wird. Und da heißt es aufzupassen, worum es geht, nämlich auch und vielleicht sogar in erster Linie um europäische Interessen. Denn Europa wird von vielem betroffen sein, was Trump und Putin zu verhandeln haben. Es kann keinen amerikanisch-russischen Ausgleich geben, ohne die Probleme der Ukraine gelöst zu haben, ohne die Kriege im arabischen Raum mit einem Frieden beendet zu haben, der den Wiederaufbau der Länder und damit die Rückkehr der meisten Flüchtlinge in diese Länder möglich macht. Und auch der Streit um den Aufbau eines Raketenabwehrschirmes auf europäischem Boden betrifft Europa direkt. Das alles kann und darf nicht über die Köpfe der Europäer hinweg entschieden werden. Das heißt aufpassen! Das heißt rechtzeitig mitwirken! Das heißt so schnell wie möglich eigene Ideen beitragen!

Moskau hat, wenn die Berichte der amerikanischen Geheimdienste stimmen, durch Cyberangriffe auch kräftig mitgemischt im amerikanischen Wahlkampf. Das könnte es auch im Wahljahr 2017 in einigen der europäischen Staaten tun. Die zum Teil sogar höchst offizielle Unterstützung rechtsextremer Parteien und Kandidaten durch Russland muss einen schon nachdenklich stimmen. Andererseits hört man aus Moskau, dass eine der Grundbedingungen Russlands bei den Gesprächen Putins mit Trump die Forderung sein werde, niemand dürfe sich in die inneren Angelegenheiten Russlands einmischen.

Darüber habe ich in den letzten Tagen viel diskutiert, auch mit meinem Verleger Hannes Steiner, der die Politik, besonders die Weltpolitik, aufmerksam und mit starken eigenen Meinungen verfolgt. Unbedachterweise vertrat ich dabei meine eigenen Überlegungen und Schlüsse und tappte prompt in die Falle: »Das musst du schreiben, und bitte schnell, jetzt!«

Das Ende der Welt

Seit 20. Januar 2017 ist Donald Trump Präsident der USA. Gebannt sieht die Welt nach Washington. Viele tun das mit Zweifel und Bangen: Was hat dieser Mann vor? Noch nie waren die Absichten eines amerikanischen Präsidenten so undurchsichtig wie die Donald Trumps. Während seines Wahlkampfs hat er zu vielen Fragen Stellung genommen, aber immer wieder auch sich selbst widersprochen und manches angekündigt, das die USA in einer völlig neuen Rolle in der Weltpolitik auftreten ließe. Mit unvorhersehbaren Konsequenzen, vor allem auch für Europa.

Nicht mehr würden die USA so ohne Weiteres für die Sicherheit ihrer europäischen Verbündeten einstehen. Wer den Schutz Amerikas in Anspruch nehmen wolle, der müsse in Zukunft auch dafür bezahlen. Der wichtigste Artikel des NATO-Verteidigungsbündnisses, der Artikel 5, wäre damit schon infrage gestellt, nämlich dass ein Angriff auf einen Mitgliedsstaat automatisch als Angriff auf alle Mitglieder zu gelten hat. Die großen Krisen der Welt – der Krieg in der Ukraine, die Kriege im Irak und in Syrien, vor allem auch der Umgang mit China im Westpazifik – das alles werde Donald Trump schon lösen, behauptet er. Eine Schlüsselrolle wird dabei sein Umgang mit dem Präsidenten Russlands Wladimir Putin spielen. Aber welche Lösungen Trump anstrebt, bleibt ungewiss. Die Medien der Welt sind voll von Spekulationen. Was werden die von Trump bereits ernannten Mitglieder seiner Regierung dem Präsidenten zu tun raten? Vier Generäle zählen zu diesen Beratern. Jeder mit einer eigenen Kriegserfahrung, jeder mit eigenen Ansichten über Feind und Freund und den Umgang mit beiden.

Das deutsche Nachrichtenmagazin *Der Spiegel* schmückte, kurz nachdem Donald Trump seine künftigen Kabinettsmitglieder ernannt hatte, sein Titelblatt mit einer höchst beunruhigenden Illustration: Ein Asteroid rast flammend auf die Erde zu, das Bild des Asteroiden stellt den Kopf Donald Trumps dar, mit seinen blonden Haaren als Feuerschweif. Darunter der Titel »Das Ende der Welt« und ein kleiner Untertitel »wie wir sie kennen«. Besser hätte man die im Wahlkampf geäußerten Meinungen und bedrohlichen Ankündigungen des Donald Trump über seine künftigen Absichten kaum ausdrücken können. Aber erfahrene Kenner der amerikanischen Politik wie etwa der frühere Außenminister Henry Kissinger rieten zur Zurückhaltung: Der gewählte Präsident werde sich noch vieles zu überlegen haben, bevor er Entscheidungen treffe. Aber ganz wesentliche Entscheidungen hat Trump schon getroffen, nämlich die Auswahl seiner Regierungsmitglieder und damit die seiner Berater, die auch die Umsetzung seiner Pläne zu besorgen haben werden. Und das lässt zum Teil schon Bedenkliches erahnen.

Zu seinem künftigen Chefberater in allen Bereichen ernannte er Stephen Bannon, schon eine höchst politische Ansage. Stephen Bannon ist ein Banker wie andere auch, aber von 2012 bis 2016 war er Chef der Nachrichtenseite Breitbart News Network, auf der erstaunlicherweise selbst führende Persönlichkeiten der Republikanischen Partei laufend als Establishment und abzulehnende Elite angegriffen wurden. Das ganze Argumentationsspektrum der Rechtsextremen wurde dazu genutzt, Breitbart News entspricht aus europäischer Sicht einem Neonazi-Propagandainstrument. Rassistische und antisemitische Tendenzen kommen immer wieder klar zum Ausdruck. Was kann Donald Trump dazu bewogen haben, einen solchen Propagandisten zum künftigen Chefberater im Weißen Haus zu bestellen? Doch er wusste natürlich ganz genau, wen er sich da herangeholt hatte, und versuchte, die Kritiker dieser Entscheidung gleichzeitig zu beruhigen. Denn er bestellte auch einen Stabschef für das Weiße Haus, und zwar gleich den Chef der Republikanischen Partei Reince Priebus, also einen von Stephen Bannon in seinen Breitbart News oft angegriffenen Spitzenpolitiker.

Der Stabschef im Weißen Haus gilt nicht als Berater des Präsidenten, wohl aber als wichtigste Vertrauensperson, denn er hat das gesamte politische Geschehen im Weißen Haus zu organisieren und zu kontrollieren. Er sitzt im Vorzimmer des Präsidenten, über seinen Schreibtisch läuft jeder Gesetzesentwurf, jeder politische Kontakt des Präsidenten mit der Außenwelt und jeder Gesprächspartner, auch jeder Staatsbesuch wird vom Stabschef des Weißen Hauses begleitet und eingeführt. Er wird auch vom Inhalt der vertraulichen Gespräche in Kenntnis gesetzt. Die Bestellung von Priebus ist ein besonderer Schachzug Trumps, denn als Parteichef hat Priebus beste Beziehungen und Freundschaften mit allen führenden Abgeordneten und Senatoren der Republikanischen Partei. Bannons Breitbart News zögerte nicht, den künftigen engsten Kollegen im Weißen Haus einen »Feind im Inneren der Partei« zu nennen. Wie sich das Nebeneinander von Stephen Bannon und Reince Priebus im Weißen Haus und auf Donald Trump auswirken wird, wird sich bald zeigen.

Und Trump setzte noch eins drauf. Er holte sich als »Berater« seinen Schwiegersohn Jared Kushner, den Mann seiner Tochter Ivanka, ins Weiße Haus. Damit verstößt er gegen das bisher immer eingehaltene Gebot, unmittelbare Verwandte nicht ins Amt zu hieven.

Ein Freund von Putin

Für die Weltpolitik und damit auch für Europa aber ist der Posten des künftigen Außenministers der USA wichtiger als der Beraterstab im Weißen Haus. Und da hat Donald Trump mitten ins Schwarze getroffen. Sein Außenminister heißt Rex Tillerson und war bis jetzt der Präsident des großen Mineralölkonzerns ExxonMobil. Trump lobt ihn wegen seiner zahlreichen Verbindungen zu ausländischen Politikern sowie Erdöl- und Erdgas-Potentaten. Der wichtigste von denen ist Wladimir

Putin, der Präsident Russlands. Diesen bezeichnet Tillerson sogar als Freund, und Putin hat ihn mit dem russischen Freundschaftsorden ausgezeichnet und ihn aus diesem Anlass als Ehrengast im Kreml begrüßt. Die Ernennung Tillersons hat daher auch bei einigen führenden Republikanern Befremden und Kritik ausgelöst. Die alte Garde der Republikaner stammt noch aus der Zeit des Kalten Krieges, sie waren Mitkämpfer des republikanischen Präsidenten Ronald Reagan, für den sie in Anspruch nehmen, dass er den damaligen Sowjetchef Michail Gorbatschow niedergerungen und dadurch das Ende der Sowjetunion mit herbeigeführt habe.

Welche Bedeutung also wird Tillerson für die Beziehungen der USA zu Russland und des Präsidenten Donald Trump zu Wladimir Putin haben? Einiges davon scheint schon vorprogrammiert zu sein: Als Chef von ExxonMobil hatte Tillerson eine enge Zusammenarbeit mit dem russischen Ölkonzern Rosneft verhandelt, wollte gemeinsam mit Rosneft Probe-Ölbohrungen in der Arktis und in Sibirien durchführen, um danach die Ausbeutung dieser Vorkommen gemeinschaftlich zu lukrieren. Gerade da aber verhängten die Europäische Union und die USA Sanktionen gegen Putins Russland, nachdem der Kremlchef die Halbinsel Krim im Schwarzen Meer militärisch besetzen ließ und aufgrund einer manipulierten Volksabstimmung der Russischen Föderation einverleibte. Diese Sanktionen untersagten auch jede künftige Zusammenarbeit mit dem russischen Ölkonzern. Präsident Barack Obama versuchte, eine solche Zusammenarbeit in der Arktis auch für die Zeit nach den Sanktionen zu unterbinden, indem er den USA selbst Bohrungen in der Arktis gesetzlich verbot. Ob dies nun so halten wird, wenn Tillerson als Außenminister das Verhältnis der USA zu Russland mitzugestalten hat, darf bezweifelt werden.

Aber nicht nur durch die Besetzung des Außenministers der USA wird praktisch die ganze Welt betroffen, denn fast so wichtig wie die außenpolitischen Aktivitäten wird in Zukunft die Haltung der USA in Umweltfragen sein, wenn es um die Einhaltung der Maßnahmen geht, zu denen man sich für den Klimaschutz verpflichtet hat. Auch hier verhält sich ein höchst eigenwilliger Donald Trump zweifelhaft. Er hat den republikanischen Staatswalt von Oklahoma Scott Pruitt zum Leiter der Umweltschutzbehörde der USA, der EPA, ernannt. Scott Pruitt aber ist kein kleiner Provinzler aus dem fernen Oklahoma, sondern ein bekannter Aktivist aus den Reihen der Gegner des Klimaschutzes. Genau die Umweltschutzbehörde, der er nun vorstehen wird, war eines der großen Feindziele Scott Pruitts. Er leugnete die Erderwärmung, lehnte das Klimaschutzabkommen von Paris ab. Er stimmte Donald Trump zu, als dieser im Wahlkampf erklärte, die Umweltschutzbehörde EPA sollte zur Gänze abgeschafft werden. Die Klimaregulierungen des Präsidenten Barack Obama hat Pruitt bekämpft und eine Reihe großer Energieversorger, insbesondere die Kohleindustrie, in ihrem Kampf gegen die Klimagesetzgebung als Anwalt beraten und vertreten. Hier hat also Donald Trump offenbar den Bock zum Gärtner gemacht. Als Leiter der Umweltschutzbehörde wird Pruitt weiterhin die Kohleförderung unterstützen und sich auch für das Fracking und die weitere Erdölgewinnung einsetzen. Vor Gericht hatte er als Anwalt das große und von Klimaschützern abgelehnte Pipelineprojekt Keystone XL verteidigt und die von Barack Obama verhängte Sperre des Projekts bekämpft. In Scott Pruitt als Umweltminister hat jedenfalls der Außenminister Tillerson als bisheriger Leiter von ExxonMobil ein entsprechendes Pendant gefunden. Dem Klimaschutz in der Welt wird dies vermutlich nicht guttun.

In dem Zusammenhang aber ist auch eine weitere Besetzung in Donald Trumps Ministerliste interessant. Rick Perry, früherer Gouverneur von Texas, wird der neue Energieminister der USA. Als Texaner ist er ein Schützer und Förderer der Ölindustrie in erster Reihe. Auch er zweifelte am Klimawandel und stimmte Donald Trump zu, als der behauptete, der Klimawandel sei eine Erfindung Chinas, mit der die Chinesen die Welt und insbesondere die USA an die Leine nehmen wollten.

Aber als Barack Obama sich für den Ausbau alternativer Energiequellen einsetzte und entsprechende Förderungen ins Leben rief, erkannte Rick Perry, dass mit dem Ausbau etwa der Windenergie Texas seine Zukunft sichern könnte. Und so setzte er sich nicht nur für die Ölförderung, sondern auch für die Entwicklung der Alternativenergien ein. Dabei machte nicht nur er die

Entdeckung, dass die Entwicklung von Windrädern ein gutes Geschäft ist und auch neue Jobs schafft. Ursprünglich wollte er noch das Energieministerium als unnötige bürokratische Hochburg abschaffen, jetzt wird er dessen Leiter.

Früher war Perry als führender Republikaner und Erzkonservativer auch ein Gegner Donald Trumps, nannte ihn sogar ein »Krebsgeschwür« der Partei. Jetzt haben die beiden zueinandergefunden. Perry aber, gewiss auch ein Beschützer der Öl- und Gasinteressen, ist immerhin im Trump-Kabinett noch ein kleiner Lichtblick, da er zumindest die wirtschaftlichen Vorteile der Alternativenergien erkannt hat und sich vermutlich auch als Minister für sie einsetzen wird.

Vier Generäle im Team

Weist die Bestellung einiger Mitglieder der Trump-Regierung also auf eine weitgehende Ausrichtung dieser Regierung auf die Interessen der Öl- und Gasindustrie, so dominiert den anderen Flügel des Kabinetts das Militär. Der prominenteste unter den Militärs ist wohl der General Mike Flynn. Ihn hat Donald Trump zu seinem Sicherheitsberater gemacht. Früher einmal war das der Job des jungen Henry Kissinger unter Präsident Nixon. Jetzt zwackt sich Mike Flynn den militärischen Teil der Sicherheitsberatung von Chefberater Stephen Bannon ab. Ein weiterer Konkurrent im innersten Kreis des

Schon entlassen

Weißen Hauses, und doch passt er recht gut in die Welt des Donald Trump. Als General führte er die US-Soldaten in Afghanistan in ihrem Kampf gegen al-Qaida und die Taliban an. Von dort nahm er auch seine Verachtung für die Muslime mit nach Hause. Als Trump verkündete, er werde ein Einreiseverbot für alle Muslime in die USA erlassen, fand er spontane Unterstützung von General Flynn. Als Sicherheitsberater wird die Auseinandersetzung der USA mit den Kriegen im Nahen Osten gewiss sein besonderes Anliegen sein.

Von großem internationalem Interesse aber wird auch Flynns Haltung zum Atomabkommen der USA mit dem Iran sein. Trump hat dieses Abkommen im Wahlkampf mehrmals infrage gestellt, er sympathisierte offen mit der Ablehnung des Abkommens durch Israel und dessen Premierminister Netanjahu. Es sei der schlechteste Vertrag, der je abgeschlossen wurde. Dieser Vertrag mit dem Iran ist aber nicht nur mit den USA ausgehandelt worden, er kam auch durch die Mitwirkung Russlands, Großbritanniens, Frankreichs, Chinas und Deutschlands zustande. Die waren und sind stolz darauf, dass sie mit dem Abkommen den Iran dazu gebracht haben, auf die schon begonnene Entwicklung eigener Atomwaffen zu verzichten. Im Gegensatz zu Trump und Israel glaubt man in Europa und Russland daran, dass man einen sonst unabwendbaren Krieg zwischen Israel und dem Iran verhindert habe. Die kritische Haltung Trumps und seines Sicherheitsberaters General Flynn gegenüber dem Atomvertrag mit dem Iran könnte da noch eine bedrohliche Situation hervorrufen.

Dazu könnte auch der neue Direktor der CIA, der Spionagezentrale der USA, noch einiges beitragen. Er heißt Mike Pompeo, war bisher Abgeordneter im Repräsentantenhaus und als solcher sehr intensiv befasst mit den Vorwürfen gegenüber der demokratischen Präsidentschaftskandidatin Hillary Clinton: Sie habe entsprechende Sicherheitsmaßnahmen für die amerikanische Botschaft in Bengasi, Libyen, vernachlässigt und sei damit für die Ermordung des dortigen amerikanischen Botschafters mitverantwortlich. Auch hatte sie für ihre dienstlichen E-Mails einen privaten Server verwendet, der nicht abhörsicher war, dadurch waren mehrere geheime Details an die Öffentlichkeit geraten, aufgedeckt offenbar von russischen Hackern. In dieser Auseinandersetzung hat Pompeo eine führende Rolle gespielt, er hat sich also mit dem Problem des islamistischen Terrors intensiv befasst. Von den Erkenntnissen der Spionagezentrale wird Präsident Trump weitgehend seine Informationen über die Vorgänge im Nahen Osten beziehen. Pompeo gilt als konservativ, hatte die aktive Unterstützung des erzkonservativen Flügels der Republikanischen Partei, der Tea-Party, und nennt das Atomabkommen mit dem Iran einen Fehler.

Ein weiterer Vier-Sterne-General, John Kelly, wurde von Donald Trump zum Leiter des Heimatschutzministeriums ernannt. Ein Job, der bisher in zivilen Händen lag. Der sogenannte Heimatschutz wurde nach den Anschlägen vom 11. September 2001 auf das World Trade Center in New York ins Leben gerufen. Ihm obliegt die Abwehr von künftigen Terrorangriffen auf die USA, und dafür hat das Ministerium weit ausgedehnte Vollmachten erhalten, die ihm praktisch die Überwachung jedes Einwohners und Besuchers der USA erlauben. Also auch eine Behörde, die mit den Geheimdiensten ebenso Hand in Hand zu arbeiten hat wie mit dem Innenministerium, dem Verteidigungs- und dem Außenministerium. Insgesamt existieren in den USA 16 verschiedene Geheimdienste. Auch John Kelly hat unmittelbare Erfahrung mit dem Krieg in Nahost, er war drei Mal im Irak als Befehlshaber eingesetzt und leitete zuletzt das umstrittene Gefangenenlager in Guantanamo auf Kuba, in dem des Terrorismus verdächtigte Muslime jahrelang eingesperrt und zum Teil auch gefoltert wurden.

Aber das Schwergewicht unter den Generälen im Kabinett Trump ist zweifellos der General des US-Marinekorps James Mattis. Er ist der neue Verteidigungsminister der USA und damit schon eine bemerkenswerte Ausnahme: Seit den 1950er-Jahren gab es keinen Verteidigungsminister mehr, der als Militär gedient hätte. Seither galt es als Regel, dass das Militär stets einen zivilen Chef haben sollte. Mattis war von 2010 bis 2013 Chef des US-Zentralkommandos und Kommandeur im Irak und in Afghanistan. Er kritisierte Präsident Obama, weil dieser nicht in den Krieg in Syrien eingegriffen habe und hielt auch Obamas Einsatz gegen den Islamischen Staat für zu lax. Auch Mattis ist, wie seine militärischen Kollegen im Kabinett Trump, Gegner des Atomabkommens mit dem Iran. Er hat sich im Wahlkampf für Donald Trump eingesetzt und wie dieser dabei eine harte Sprache geführt, unter anderem meinte er zum Einsatz in Afghanistan, es mache dort »viel Spaß, die Leute zu erschießen«. Von seinen Kollegen wurde er damals mit dem Spitznamen »*Mad Dog*« belegt, also »verrückter Hund«.

Gesetzlich können Militärs erst nach sieben Jahren im Ruhestand einen politischen Posten anstreben. Das wurde festgelegt, nachdem Präsident Eisenhower bei seinem Abschied ausdrücklich davor gewarnt hatte, dass die USA der Führung eines »militärisch-industriellen Komplexes« anheimfallen könnten. Kelly aber ist erst seit 2013 aus dem Marinekorps ausgeschieden. Aus dieser Zeit stammt, wie bei vielen Militärs und republikanischen Politikern, seine ablehnende Haltung gegenüber Russland, doch seine Kritik am Verhalten des bisherigen Präsidenten Barack Obama bezüglich der Kriege im Irak und in Syrien wog bei Donald Trump offensichtlich schwerer.

Ein Milliarden-Kabinett

Auffallend an den Mitgliedern der Regierung Trump ist, dass viele von ihnen im Zuge ihrer Karrieren in den großen Banken Amerikas Station gemacht und dabei viel Geld verdient haben und dass sie fast ausnahmslos als sehr reiche Leute gelten. Das Gesamtvermögen der Kabinettsmitglieder Trumps, so haben es die Statistikforscher in den USA festgestellt, dürfte insgesamt nicht weniger als 14 Milliarden Dollar betragen, das ist 30-mal so viel Vermögen, als es den Mitgliedern der zweiten Regierung George W. Bushs zugeschrieben wurde. So kann man auch verstehen, dass es Trump und seinen Ministern ein Anliegen ist, die Steuern der Reichen in den USA massiv zu senken, und zwar bis auf 13 Prozent. Nun gut, die Republikanische Partei als solche hat sich immer schon für die Interessen der Reichen eingesetzt und Steuererleichterungen für sie gefordert und beschlossen. Aber Donald Trump hat seine Präsidentschaftskandidatur ausdrücklich und in jeder Phase seines Wahlkampfes damit begründet, dass er sich für die Arbeitslosen, für die Opfer der Globalisierung, für die im Stich gelassenen Arbeiter in den verödeten amerikanischen Industriegebieten einsetzen wolle. Auch er schrieb sich den »Kampf gegen die Eliten und das Establishment« auf seine Fahne. Der Gegensatz zwischen denen, die er da zu vertreten versprach, und denen, die er dann in seine Regierung berief, könnte kaum größer sein.

Aber wer das amerikanische System kennt und insbesondere, wie es sich in den letzten Jahren weiterentwickelt hat, kann über diese Gegensätzlichkeiten nicht sehr erstaunt sein. Eine der großen Entscheidungen des Obersten Gerichts der USA hob die Kontrollen und selbst die Bekanntgabe von Spenden großer Firmen und Unternehmen für Politiker und deren Wahlkämpfe auf, ganz legal kann also jedes große Unternehmen indirekt über Wahlvereine jeden Politiker in den USA mit so viel Geld ausstatten, als es nur will. Das aber ist für die meisten Politiker entscheidend für ihren Sieg bei den Wahlen.

Dazu muss man wissen, dass die Parteien in Amerika nur sehr schwach konstruiert sind, in der Regel über wenig Geld verfügen und nicht imstande wären, ihre Kandidaten im Wahlkampf effizient zu unterstützen. Jeder Abgeordnete, jeder Senator muss sozusagen mit eigenem Geld für seinen Aufstieg sorgen, ist also de facto auf das Geld großer Spender angewiesen. Er oder sie muss für seine oder ihre Wahlanzeigen in den Zeitungen und vor allem auch im Radio und Fernsehen selbst bezahlen, in vielen Fällen auch für Plakate und Wahlwerbung auf den Straßen aufkommen. Das kostet viel Geld und die Chancen für denjenigen oder diejenige, der oder die sich mehr Werbezeit im Fernsehen und noch größere Propaganda leisten kann, steigen umso mehr.

Aber all diese Spenden werden natürlich nicht bedingungslos geleistet. Wer dieses Geld nimmt, muss sich später für die Interessen des Gebers einsetzen, und die können recht vielfältig sein und stark auf die Gesetzeswerke des Kongresses einwirken. Um ein Beispiel zu nennen: Ein auch in den USA selbst viel diskutiertes und auch für Empörung sorgendes Thema ist der Einfluss, den die National Rifle Association, NRA, auf die Stimmabgabe in beiden Häusern des Kongresses ausübt. Jeder

Versuch, den Waffenverkauf in den USA einzuschränken oder zumindest von Verfügungsberechtigungen und damit von der Identität des Käufers abhängig zu machen, ist immer wieder von massiven Mehrheiten im Abgeordnetenhaus und im Senat abgelehnt worden. Das Thema des unlimitierten Waffenbesitzes kam auch in diesem Wahlkampf um die Präsidentschaft von keiner Seite zur Sprache, denn natürlich bedenkt die NRA nicht nur die Republikaner, sondern gleichermaßen auch die Demokraten mit ihren Zuwendungen. Das hat Folgen: Als eines seiner ersten Vorhaben verkündete Donald Trump, er werde festlegen, dass »jeder Amerikaner eine Waffe besitzen« könne. Die neue Bildungsministerin erklärte bei ihrer Anhörung im Kongress, dass auch Schüler Waffen in die Schule mitnehmen dürfen sollten. »Weshalb?«, wurde sie gefragt. – Die Antwort: um sich gegen Grizzlybären wehren zu können.

Man könnte versucht sein, in Anbetracht dieses Systems von einer institutionalisierten Korruption zu sprechen. Und so ist es auch müßig, die Frage danach zu stellen, woher und durch welche Tätigkeiten die von Trump eingesetzten Minister ihre Vermögen erworben haben. Sie werden es ohne Weiteres nachweisen und offenlegen können. Obwohl Trump gerade dieser Forderung nicht gefolgt ist: Trotz mehrfacher Aufforderung durch Hillary Clinton, aber auch der Medien im Wahlkampf, hat Trump seine Steuererklärung nicht offengelegt. Er überließ es der Spekulation, was er damit verheimlichen wollte: den Umfang seines Vermögens, die

Geringfügigkeit seiner Steuerbelastung? Entlastende Aussagen gab es von seinen Freunden: Er hätte wahrscheinlich nicht zugeben wollen, wie gering sein Vermögen tatsächlich sei. Kaum zu glauben, bei dem riesigen Umfang seines geschäftlichen Imperiums in den USA und der Welt. Der Name Trump ist geradezu ein Synonym für Erfolg und blühendes Geschäft, so sehr, dass Donald Trump die Verwendung seines Namens für fremde Produkte, die nichts mit ihm zu tun haben, um massive Lizenzgebühren vergibt.

Ein Handstreich in Israel

Scharf hat Trump das Verhalten seines Vorgängers Barack Obama im Nahen Osten kritisiert, aber nicht dazugesagt, wie sich Obama seiner Ansicht nach hätte verhalten sollen. Und welche Konsequenz das nun für seine kommende Rolle in diesen Konflikten haben werde. Doch eine Sache hat Trump schon getan. Als klar wurde, dass mit der Eroberung Aleppos durch die Regierungstruppen Putin und Assad den Krieg in Syrien zu ihren Gunsten gedreht hatten, bestellte Trump einen jüdischen Hardliner zu seinem kommenden Botschafter in Israel und erklärte dazu, dass dieser nicht wie in all den letzten Jahren in Tel Aviv residieren werde, sondern in Jerusalem. Womit Trump Jerusalem als Hauptstadt Israels anerkennt, was die seit vielen Jahren angestrebte Zweistaatenlösung als Grundlage eines künftigen Friedens praktisch ausschließt. Putin hat Syrien, ich habe Israel – so klang das. Der Jubel der Regierung Netanjahu war Trump sicher, aber Amerika wird damit wohl seine langjährige Rolle als Vermittler zwischen Israel und den Palästinensern aufgeben.

Was aber will Trump mit Putin lösen? Den Konflikt in der Ukraine? Ohne Einbindung der Europäer? Und kann er, das heißt, will er überhaupt Putins Versuche, Einfluss in europäischen Ländern auszuüben, zur Sprache bringen? Manches deutet darauf hin, dass es Trump eher um eine Art der Weltaufteilung in Einflusszonen geht als um ein gemeinsames Wirken für die Lösung aktueller Probleme.

Am Beispiel Ukraine

Das ist ein Weckruf für Europa! Nicht abzuwarten, was Trump und seinen Beratern als Nächstes einfallen wird, sondern selbst zu handeln. Was kann, was muss geschehen, um den Zusammenhalt der Europäischen Union zu festigen in Anbetracht von Flüchtlingskrise, Ukraine-Konflikt, Wirtschafts- und Finanzschwäche Italiens, Solidaritätsverweigerung der post-kommunistischen Staaten, re-nationalistischen Bewegungen in Deutschland, Holland und Frankreich und vielleicht, nach der nächsten Wahl, auch in Österreich? Dafür bedarf es einer überzeugenden Initiative mutiger europäischer Politiker. Statt mit Bangen abzuwarten, was sich

Trump einfallen lassen wird, sollte Europa seine Probleme rasch selbst zu lösen versuchen.

Beispiel Ukraine: Dort handelt Russland offenbar nach der gleichen Doktrin wie früher die Sowjetunion gegenüber Österreich und Finnland: kein Anschluss an die Europäische Gemeinschaft und keine Aufnahme in die NATO. Nur unter diesen beiden Bedingungen war Moskau bereit, den österreichischen Staatsvertrag abzuschließen und seine Stützpunkte in Finnland aufzugeben. Österreich erfüllte diese Bedingung, indem es sich zur »immerwährenden Neutralität« verpflichtete. Der EWG, Vorläuferin der Europäischen Union, hätte sich Österreich dagegen gerne sofort angeschlossen. Damals, 1957, sagte Bundeskanzler Julius Raab zu mir: »Da gehen wir dazu«, musste aber diesen Vorsatz kurz danach zurücknehmen, als Moskau ihn daran erinnerte, dass im Staatsvertrag der Anschluss Österreichs an Deutschland ausdrücklich verboten wurde und ein Beitritt zur EWG nach Ansicht Moskaus einem solchen Anschluss gleichkäme. So verzichtete Österreich wie Finnland zunächst auf einen Beitritt zur EWG, also zur späteren EU. Aber beide, Österreich und Finnland, verstanden es trotzdem, sich die meisten Vorteile der wirtschaftlichen Zusammenarbeit mit Europa zu sichern. Und die EWG, wie später die EU, standen Österreich und Finnland bei diesen Bemühungen sehr zur Seite.

Ehe Präsident Trump den russischen Staatschef trifft, sollte die EU selbst einen Vorschlag zur Beilegung der

Krise in der Ukraine vorlegen. Etwa die Anregung zu Verträgen, die die EU mit der Ukraine und die Ukraine mit Russland abschließen könnten. Der Vertrag mit der Ukraine sollte sich an den Erfahrungen Österreichs und Finnlands mit der sowjetischen Politik orientieren, das heißt der Ukraine keine Vollmitgliedschaft in der EU anbieten, wohl aber eine Art Freihandelsvertrag, der der Ukraine den Zugang zu den europäischen Märkten ermöglicht und eine Reihe von Vorteilen, die normalerweise mit der Mitgliedschaft in der EU verbunden sind, zusichert. Damit wäre einer russischen Vorstellung, die Ukraine nicht in die EU kommen zu lassen, vermutlich entsprochen. Ergänzt werden sollte dieser Vertragsentwurf durch eine ausdrückliche Zusicherung der ukrainischen Regierung, nicht die Mitgliedschaft in der NATO anzustreben. Gleichzeitig aber sollte die Ukraine selbst die Initiative für zwei Maßnahmen ergreifen. Mit dem Inkrafttreten des Vertrags mit der EU sollte die Ukraine Russland ein Abkommen vorschlagen, das die künftigen Wirtschaftsbeziehungen zwischen den beiden Staaten regelt. So könnte man Russland eine Reihe von besonderen Vorteilen anbieten, etwa auch in der Form eines Freihandels, der Russland einen besonderen Zugang zu den Energievorkommen und zum Industriegebiet des Donbass gestatten würde.

Im Donbass in der Ostukraine befinden sich nach geologischen Schätzungen nicht weniger als etwa eine Milliarde Tonnen Steinkohle. Das ist zwar in Zeiten, in denen man hofft, von fossilen Brennstoffen wegzukommen, nicht gerade die große Zukunft, aber bis man in Russland und in der Ukraine selbst die Wende zu neuen Energiequellen schafft, sind die im Donbass befindlichen Industrien auf die Förderung gerade der Kohlevorräte angewiesen. Diese Industrien sind hoch spezialisiert. Hier wurden bisher schon vier Typen russischer Raketen erzeugt, von hier kommt ein ganz spezieller Stahl für die Fertigstellung russischer Panzer, hier befindet sich eine Art kleines Silicon Valley, das heißt Wissenschaftler mit Laboratorien, von denen entscheidende Impulse für die Modernisierung der ukrainischen und der russischen Industrien ausgingen und weiterhin ausgehen sollten. Zwischen dem Donbass und Russland gibt es also traditionell einen ausgeprägten Handel und Austausch an Ideen, die auch in Zukunft für Russland unkompliziert und unbürokratisch zugänglich bleiben sollten.

Das wäre eine Seite des Abkommens, das die Ukraine Russland anbieten könnte, andererseits sollte die Ukraine die künftigen Beziehungen mit der in der Ostukraine befindlichen russischen Bevölkerungsgruppe durch die Gewährung einer weitreichenden Autonomie regeln. Wieder finden wir die Ansätze für ein solches Autonomiestatut in einem österreichischen Beispiel – in dem viele Jahre lang von Österreich mit Italien ausgehandelten Autonomiestatut für Südtirol. Dabei handelte es sich um das weitestreichende Autonomieabkommen, das je in der Welt abgeschlossen wurde. Es gewährt den Südtirolern Gleichberechtigung und Selbstständigkeit in fast allen gesellschaftlichen und wirtschaftlichen Belangen. Es fiel den italienischen Politikern nicht leicht, sich auf all die Forderungen der Südtiroler einzulassen, aber der Sprung über den eigenen Schatten hat sich letztendlich auch für Italien gelohnt: Zusammenarbeit und Vertrauen zwischen Italienern und Südtirolern sind durch dieses Abkommen in vorbildlicher Weise sichergestellt worden. Dieser Vertrag könnte als Muster für die Regelung der Rechte der russischen Minderheit in der Ostukraine dienen. Auch den Ukrainern würde dies politischen Mut abverlangen, denn starke nationale Kräfte würden sich gegen einen derartigen Vertrauensvorschuss der Ukraine für die russische Minderheit wehren.

Die Europäische Union sollte sich beeilen, Entwürfe für solche Abkommen mit der und für die Ukraine auszuarbeiten. Das sollte nicht in Konkurrenz zu Donald Trumps Verhandlungen mit Wladimir Putin geschehen, sondern, wenn möglich, sogar als Vorschlag für Donald Trump und dessen Gespräche mit Putin. Wie es überhaupt vernünftig wäre, europäische Interessen mit denen der USA zu koordinieren. Wenn Donald Trump tatsächlich die Absicht hat, mit Putin über eine Art neuer Weltordnung zu verhandeln, sollten sie dies nicht über die Köpfe der Europäer hinweg tun, sondern Europa in ihre Überlegungen miteinschließen. Da bedarf es aber entsprechender Vorschläge und Ideen der Europäer selbst, und vor allem braucht es ein rasches Handeln. Gerade das scheint jedoch in Anbetracht des jetzigen Zustandes der Europäischen Union viel verlangt.

Mit Frank-Walter Steinmeier wird Deutschland einen Bundespräsidenten haben, der sich mit Enthusiasmus für die europäische Idee und ihre Umsetzung in einer gut funktionierenden Europäischen Union engagieren wird. Mit der zu erwartenden Wiederwahl Angela Merkels zur deutschen Bundeskanzlerin und der Einbindung von Martin Schulz, dem bisherigen Präsidenten des Europäischen Parlaments, in die deutsche Politik werden drei Spitzenpolitiker für ein starkes Engagement der Europäischen Union eintreten. Drei deutsche Politiker, die schon bisher, jeder für sich, auch für eine Verständigung mit Russland eingetreten sind.

Das führt uns zunächst zurück zu dem angestrebten und sicher bald stattfindenden Gespräch des US-Präsidenten mit Präsident Putin. Die Ukraine steht bei diesem Gipfelgespräch sicher nicht im Vordergrund, da bedarf es eines Vorstoßes der EU, um Präsident Trump klarzumachen, dass er mit Putin nicht über die Köpfe Europas hinweg verhandeln darf. Anzunehmen ist, dass sich Trump und Putin recht schnell auf eine gemeinsame Sofortmaßnahme einigen dürften: auf die Ausschaltung des Islamischen Staats und damit auf die Beseitigung der vom IS ausgehenden ständigen Terrorgefahr.

Das läge im Interesse aller, besonders auch der Europäer, die in letzter Zeit im Fadenkreuz dieser islamistischen Terrororganisation gestanden sind. Aber um diese gemeinsame Aufgabe Trumps und Putins zu verwirklichen, wird Putin dem amerikanischen Präsidenten ein wichtiges Zugeständnis abzuringen versuchen: die Anerkennung einer neuen Regierung in Syrien, an deren Spitze weiterhin Baschar al-Assad stehen soll, genau der Präsident, der gemeinsam mit Russland für die Niederlage der Aufständischen in Aleppo verantwortlich war, jener Aufständischen, die von den Vereinigten Staaten aktiv unterstützt worden waren. Doch es war Putin, der gemeinsam mit der Türkei und dem Iran den Waffenstillstand mit Syrien zustande gebracht hat und sich nun für die Anerkennung der neuen Regierung unter Führung Assads einsetzt. Dieser Konflikt scheint die Europäer nicht besonders zu berühren – jedenfalls sind sie nicht eingeladen, an einer Lösung dieser Frage mitzuwirken. Dennoch sollten sie versuchen, es zu tun.

Dazu ergäbe sich eine Möglichkeit, die vor allem der deutschen Bundeskanzlerin Angela Merkel eine besondere Chance zur Lösung eines zentralen Problems, nämlich der Flüchtlingsfrage, böte. Jetzt wäre es wichtig, dahingehend einzuwirken, dass die Regierung in Syrien nicht Rache nimmt an ihren bisherigen Gegnern, sondern sie mitwirken lässt am Wiederaufbau des Landes.

Denn mit der Anerkennung einer Regierung in Syrien ist es ja nicht getan. Halb Syrien wurde durch den Krieg zerstört, ein großer Teil der Bevölkerung in die Flucht getrieben. Jetzt müsste es im Interesse aller liegen, in Syrien nicht nur einen für alle Seiten akzeptablen Frieden, sondern auch den Wiederaufbau des Landes zu bewerkstelligen. Beides, der Friede und der Wiederaufbau, können nur durch große gemeinsame Anstrengungen auf den Weg gebracht werden. Dazu bedarf es der Zusammenarbeit vieler Kräfte und eben auch der EU, und da vor allem Deutschlands. Wenn man nämlich einer neuen syrischen Regierung hilft, mit dem Wiederaufbau des Landes zu beginnen, so liegt es nahe, dass man mit dieser Hilfe auch die Hoffnung verbinden kann, einen Großteil der nach Europa geflohenen syrischen Flüchtlinge zur Rückkehr in ihre Heimat zu bewegen. Sie würden nicht nur für den Aufbau des eigenen Landes dringend gebraucht, es fiele auch die Begründung ihrer Asylgewährung weg. Für Angela Merkel wäre das wohl eine große Erleichterung bei ihrer bis jetzt so schwer zu tragenden Bürde des Flüchtlingsproblems.

Europa ist die Lösung

Auch das zeigt, wie wichtig es für Europa wäre, sich in die Verhandlungen über die Beseitigung des islamistischen Terrors, über den Frieden in Syrien und im Irak und den Wiederaufbau der von den Kriegen zerstörten Städte und Gesellschaften im Nahen Osten einzuschalten. Das kann und darf man nicht nur Trump und Putin überlassen. Aber dazu bedarf es auch noch einer anderen, und zwar der wichtigsten Grundlage: einer verhandlungsfähigen und tatkräftigen Europäischen Union. Und die Voraussetzung dafür ist das gemeinsame Wollen aller Mitgliedsstaaten der EU.

Frank-Walter Steinmeier hat erst vor Kurzem ein Buch zu diesem Thema geschrieben, unter dem Titel *Europa ist die Lösung,* und er meint damit die Lösung aller anstehenden Fragen in Europa. Punkt für Punkt greift Steinmeier die Probleme in Europa auf, beginnend mit der zurzeit als Hauptbürde empfundenen Flüchtlingsfrage, über die möglichen schweren finanziellen Krisen in Italien, Griechenland und vermutlich auch Frankreich bis zur Kernfrage über einen Rückfall Europas in den Nationalismus, der zum Zerfall der Union als solche führen würde. Und zu jedem dieser Probleme stellt Steinmeier fest, dass die Lösungen auf der Hand lägen, wenn sich die EU-Mitglieder aufraffen könnten, sie gemeinsam zu lösen. Er weiß, wie schwer das ist, er weiß auch, dass es dazu einer kräftigen Führung innerhalb der EU bedarf und dass diese Forderung vor allem eine Forderung an Deutschland ist. Deutschland müsse gerade jetzt erkennen, dass es für ganz Europa Verantwortung zu tragen habe. Aber ganz Europa müsse es auch ertragen, dass Deutschland diese Verantwortung übernimmt. Das ist für so manche Politiker in Europa keineswegs so leicht vorstellbar.

Das führt uns zurück an die Wurzeln des Bemühens um ein einiges Europa. Wie ich schon in meinem Europa-Buch *Was jetzt* geschildert habe, hat mich 1946 die Rede des britischen Premierministers Winston Churchill, die er damals in Zürich hielt, ungemein beeindruckt und aufgeregt. In dieser Rede rief Churchill Frankreich und Deutschland auf, sich aus ihrer dreifachen kriegerischen

Vergangenheit zu lösen und gemeinsam ein vereinigtes Europa aufzubauen. Auch Frank-Walter Steinmeier stützt sich in seinem Buch auf diese Rede Churchills, die er zum besseren Verständnis zur Gänze im Anhang veröffentlicht. Eine große Zukunft für Europa, wenn Frankreich und Deutschland es gemeinsam versuchen.

Interessanterweise schloss Churchill sein eigenes Großbritannien in diese Vision nicht mit ein: Großbritannien wie die USA würden das große Aufbauwerk Deutschlands und Frankreichs mit Wohlwollen begleiten, meinte Churchill. Am Ende dieses gemeinsamen Bemühens der Franzosen und der Deutschen würden die Vereinigten Staaten von Europa stehen. Und so wurde das Versöhnungswerk ja auch angelegt: Schon die Verträge zur Gründung der Europäischen Wirtschaftsgemeinschaft im Jahr 1957 sehen am Ende dieser Gemeinschaft einen gesamteuropäischen Zusammenschluss in Form eines Staatenbundes, vielleicht sogar eines Bundesstaates, vor. Und die Umsetzung dieser Vision begann rasch und ungemein erfolgreich. Aber schon bald stellte sich die Frage nach der Führung in diesem Projekt. Und sie wurde zunächst auch eindeutig beantwortet: Frankreich habe dieses Aufbauwerk politisch zu führen, Deutschland habe es mit aller Kraft umzusetzen. Für die deutschen Bundeskanzler Adenauer und Erhard, später auch Schmidt und Brandt war diese Arbeitsteilung ein Gebot, das sich aus der Kriegsschuld und der Niederlage Deutschlands von selbst ergab, vor allem aus seiner Schuld an der Vernichtung des europäischen

Judentums, dem Holocaust. Mit diesem Ballast war es nicht möglich, Europa politisch zu führen, wohl aber sehr viel für das Werden eines vereinigten Europas beizutragen. Es ist noch immer diese Vergangenheit, die Deutschland zögern lässt, politische Führung in Europa anzunehmen. Und doch tut es das, auch ganz ohne Absicht. Zur Illustration dient mir da ein Beispiel.

Gauck ging nicht hin

Wladimir Putin hatte, als er zunächst unter Präsident Jelzin Ministerpräsident der Russischen Föderation wurde, seine Absichten und Ziele eindeutig dargelegt: Er wollte nach dem Zusammenbruch der Sowjetunion Russlands Ansehen und Würde wiederherstellen, es wieder zur völlig gleichberechtigten Weltmacht werden lassen, wie es die Sowjetunion davor gewesen war. Das war unter den gegebenen Umständen ein gewaltiger Vorsatz. Aber unablässig arbeitete Putin daran, dies umzusetzen. Zwei Kriege führte er, in Tschetschenien und Georgien, um Russland vor weiterem Verfall zu schützen. Nicht verhindern konnte er, dass die von der Sowjetunion einst vereinnahmten Länder Estland, Lettland, Litauen und schließlich die Ukraine ihre eigene Souveränität beanspruchten und die baltischen Länder sogar der NATO beitraten. Aber Putin versuchte, das Ansehen Russlands auch auf andere Weise vor aller Welt zu stärken.

51

30 Milliarden ließ er es sich kosten, in Sotschi am Schwarzen Meer und am Rande des Kaukasus eine Wintersportlandschaft und ein Sportzentrum zu errichten, die sich als Austragungsort der Olympischen Winterspiele 2014 präsentieren sollten. Hier wollte Putin als Präsident Russlands das Gleichziehen seines Landes mit den Besten der Welt demonstrieren – und mit den Mächtigsten der Welt gemeinsam auf der Bühne stehen. Aber da preschte der deutsche Bundespräsident Joachim Gauck unerwartet schnell vor. Kurz und bündig erklärte er, noch ehe er eine Einladung von Putin erhalten hatte: »Da gehe ich nicht hin.«

Sehr verstört hat das damals die Bundeskanzlerin Angela Merkel. Das Kanzleramt sah es sogar als notwendig an, festzustellen, dass diese Haltung des Bundespräsidenten mit der Bundesregierung nicht koordiniert worden sei. Merkel hatte sofort erkannt, dass diese brüske Abweisung Putins zu schwerer Verstimmung beitragen würde. Und genau so war es. Doch die Entscheidung des Bundespräsidenten Deutschlands wurde von vielen Mitgliedern der Europäischen Union und auch von den USA sofort mitgetragen. Wer konnte da noch bezweifeln, dass Deutschland die politische Führung Europas übernommen hatte? Heute könnte man sagen, Gauck und alle, die er anführte, hätten das damals getan, weil sie ahnten, dass es in Sotschi zum Einsatz von Dopingmitteln in der gesamten russischen Mannschaft kommen würde. Doch Gauck hat aufgrund seiner DDR-Erfahrungen Putin mit der Sowjetunion gleichgesetzt.

Umgekehrt lässt sich heute argumentieren, dass Putin sich durch diese Brüskierung ermutigt fühlte, militärisch gegen die Ukraine vorzugehen, um einerseits die Krim für Russland zu sichern und andererseits eine weitere Annäherung der Ukraine an die EU und vor allem die NATO zu verhindern. Ob sich ohne Gauck und den Folgen seiner Putin-Ablehnung das Verhältnis zwischen Russland und der EU wie auch den USA anders entwickelt hätte, das bleibt wohl für immer offen. Jetzt, da Donald Trump eine Verständigung mit Russland als Priorität seiner Außenpolitik ansieht, steht dieses Verhältnis vor einer völlig neuen Herausforderung. Den Standpunkt »Da gehe ich nicht hin« sollte sich Europa dabei nicht leisten. Und es wird wie damals entscheidend von der Haltung Deutschlands abhängen, ob sich Europa gleichberechtigt in den amerikanisch-russischen Dialog einschalten will und kann.

Gemeinsam gegen den IS

Dabei zeichnet sich ab, dass sich Putin den ersten Platz auf der Weltbühne schon von vorneherein gesichert hat. Durchaus mit Gewalt, denn er war es, der mit dem Einsatz seiner Luftwaffe das Kriegsgeschehen in Syrien entscheidend beeinflusst und dabei sichergestellt hat, dass Russland auch die weitere Entwicklung in Syrien und dem Irak mitbestimmen wird. Der Waffenstillstand, der zum vorläufigen Ende des Krieges in Syrien geführt hat, wurde von Russland gemeinsam mit der Türkei und dem Iran bewerkstelligt, und Syrien ist schon eingeladen, mit diesen drei Ländern einen endgültigen Frieden auszuhandeln. Wo? In Kasachstan, einem Mitglied der Eurasischen Wirtschaftsunion. Die USA blieben erst einmal ausgeschlossen, vorbehaltlich des Gesprächs, das Trump mit Putin zu führen beabsichtigt.

Was also werden Donald Trump und Wladimir Putin zu besprechen haben, wenn es zu dem von Trump angestrebten Treffen mit dem russischen Präsidenten kommt? Stellen wir uns als Erstes die Wunschliste des amerikanischen Präsidenten vor: Die wahrscheinlich höchste Priorität der Amerikaner wird es sein, die Russen dazu zu bringen, gemeinsam mit den USA den Islamischen Staat auszulöschen. Denn so lange dieser existiert, steht die westliche Welt unter der ständigen Bedrohung immer neuer Terrorangriffe. Und die Lage im Irak und zweifellos auch in Syrien selbst kann ohne die Ausschaltung des Islamischen Staats mit Sicherheit nicht zu Ruhe und Stabilität kommen.

Dieser Wunsch des amerikanischen Präsidenten dürfte mit den Vorstellungen Präsident Putins vermutlich weitgehend übereinstimmen. Putin hat dabei zwei Ziele im Auge: die Anerkennung des von Russland herbeibombardierten und damit kräftig unterstützten Regimes Baschar al-Assads in Syrien sowie die Eindämmung des fanatischen Islamismus, bei dem die ständige Gefahr besteht, in den Kaukasus-Republiken und über diese auch im Süden Russlands Fuß zu fassen. Eine

Einigung über ein gemeinsames Vorgehen gegen den Islamischen Staat wäre damit schon als großer Erfolg eines solchen Gipfeltreffens zwischen Trump und Putin zu werten. Trumps und Putins Wünsche aber werden auch auf eine Normalisierung und wenn möglich sogar auf freundschaftliche Beziehungen der USA mit Russland zielen. Da stehen bis dahin wohl auch noch die vom gesamten Westen gegen Russland verhängten Sanktionen im Wege.

Ein Wort zu diesen Sanktionen: Sie wurden verhängt als Bestrafung Putins und Russlands für die Annexion der ukrainischen Halbinsel Krim im Schwarzen Meer. Putin hatte über Nacht russisches Militär auf der Krim stationiert und dort praktisch die Macht übernommen. Eine als Anliegen der einheimischen Bevölkerung getarnte Volksabstimmung forderte danach den vollen politischen Anschluss der Krim an Russland – ein Begehren, das Putin sehr rasch zu erfüllen wusste.

Aber dabei ließ er es nicht bewenden. Gleichzeitig erhoben sich im Osten der Ukraine, im Donbass, bewaffnete Verbände der ansässigen russischen Minderheit gegen den ukrainischen Staat, offenbar mit dem Ziel, diesen Teil der Ukraine ebenso wie die Krim an Russland anzuschließen, zumindest aber die Ukraine zu großen Zugeständnissen gegenüber Russland und der einheimischen russischen Bevölkerung zu zwingen. Dieser Aufstand im Osten der Ukraine wurde zweifellos von Russland voll unterstützt, wenn nicht sogar von Anfang an organisiert. Russland ging noch weiter: Als sich die Aufständischen mit ihren eigenen Kräften nicht durchzusetzen schienen, wurden sie durch »freiwillige« Kämpfer aus Russland und jede Menge Munition, Panzer und Luftabwehrraketen unterstützt. Putin also hatte die Ukraine gleich von zwei Seiten angegriffen, und er sorgte dafür, dass die Kämpfe in der Ostukraine kräftig weitergeführt wurden.

Eines war klar: Sowohl die Annexion der Krim als auch der Krieg im ukrainischen Osten wurden ausgelöst durch den Streit über das von der Ukraine mit der EU erzielte Assoziierungsabkommen, das die Ukraine zur Vollmitgliedschaft in der EU führen sollte. Als dieses Abkommen zur Unterzeichnung durch den ukrainischen Präsidenten Janukowitsch anstand, sprach Putin eine deutliche Warnung aus und forderte Janukowitsch auf, das Abkommen nicht zu unterzeichnen. Als dieser dem Begehren Russlands zu folgen schien, kam es in Kiew, der Hauptstadt der Ukraine, zu schweren Demonstrationen gegen den Präsidenten, mit der eindeutigen Forderung der Demonstranten, dem russischen Druck nicht nachzugeben, das Abkommen mit der EU zu unterzeichnen und die Ukraine so für eine Mitgliedschaft in der EU vorzubereiten. Aber es gab auch Opposition von eindeutig pro-russischen Kräften. Auf dem Majdan, dem Hauptplatz Kiews, kam es zu heftigen Auseinandersetzungen zwischen den beiden Kräften, die schließlich sogar zu einem schweren Blutvergießen führten, als »unbekannte« Scharfschützen das Feuer auf die Pro-EU-Demonstranten eröffneten.

Das wirft die Frage auf, weshalb es Putin in so hohem Maße störte, dass die Ukraine ihre Aufnahme in die EU vorantreiben wollte. Die Antwort darauf glaubt man im Westen zu kennen: Putin will Russlands Ansehen, Würde und damit auch Einfluss auf seine früheren Gebiete stärken und glaubt, eine freie, demokratische und Europa angehörende Ukraine als unmittelbaren Nachbarn Russlands nicht dulden zu können. Diese freie, demokratische und vermutlich auch mit wachsendem Wohlstand verbundene Entwicklung der Ukraine wäre von Russland kaum aufzuhalten gewesen. Dazu kam aber auch die Annahme, dass eine nach Westen orientierte Ukraine genauso wie die ebenfalls von Russland abgesprungenen Republiken Estland, Lettland und Litauen und auch die früheren Satellitenstaaten in Mitteleuropa Polen, die ehemalige Tschechoslowakei,, Ungarn, Rumänien und Bulgarien durch einen Beitritt in die NATO Schutz vor Russland suchen würden. Käme es zu dieser Entwicklung und würde auch, wie schon angekündigt, Georgien der NATO beitreten, so wäre Russland vom Schwarzen Meer völlig abgeschnitten und seine Schwarzmeerflotte total isoliert. Jeder russische Matrose, der irgendwo an Land gehen wollte, würde damit ein NATO-Gebiet zu betreten haben. Es waren gewiss diese Überlegungen, die Putin zur Besetzung der Krim und auch zur Unterstützung des Aufstandes in der Ostukraine veranlassten.

Es gibt nicht wenige Politiker auch in Europa, die für die Angst Putins vor dem vollen Zugriff der NATO auf den gesamten, früher von Russland beherrschten Osten ein gewisses Verständnis zeigen. Dies hätte vermutlich mehr Unterstützung durch die Öffentlichkeit, würde sich das Putin-Regime selbst nicht so diktatorisch gegenüber der eigenen Bevölkerung verhalten und hätte sich Putin nicht so gewaltsamer illegaler Mittel bedient, sowohl die Krim militärisch zu unterwerfen als auch die Aufstände in der Ostukraine zu unterstützen.

Die Folge war der Beschluss der EU und der USA, Russland durch Sanktionen zu bestrafen. Russland antwortete auf diese Sanktionen mit einem totalen Boykott europäischer Exporte nach Russland. Dieser Import-Boykott betraf vor allem landwirtschaftliche Güter wie Fleisch, Milch und Gemüse, und das bekommen Länder wie Polen, Österreich und Deutschland durchaus zu spüren, während Russland alles unternimmt, die ausfallenden europäischen Importe durch Umstellungen und größere Anstrengungen der russischen Landwirtschaft halbwegs auszugleichen. Das wieder hat in Russland – bei gleichzeitig fallenden Preisen für Öl und Gas – zu einer schweren Wirtschaftskrise geführt.

Aber von da an stellte sich auch die Frage, was der Westen – also die EU und die USA – mit seinen Sanktionen in Russland weiterhin erreichen will. Dazu fehlte dem Westen eine eigene Strategie. Die deutsche Bundeskanzlerin Angela Merkel versuchte ihr Möglichstes, um zumindest beschränkte Zugeständnisse Russlands herbeizuführen. Mithilfe ihres Außenministers Frank-Walter Steinmeier und kräftig unterstützt von Frankreich brachte sie den ukrainischen Präsidenten Poroschenko und die Russen dazu, in Minsk, der Hauptstadt Weißrusslands, eine Übereinkunft zu erreichen, die den Weg zu einem Waffenstillstand in der Ostukraine ebnen sollte. Russland stimmte diesem Vorschlag zu, aber der Waffenstillstand wird vielfach nicht eingehalten, und von einer Lösung der Probleme in der Ostukraine ist man weit entfernt.

Es wird daher auch auf das Verhalten der Europäer beziehungsweise auf eine entsprechende Initiative der EU ankommen, ob Präsident Trump bei dem zu erwartenden Treffen mit Putin nicht nur über eine Aufhebung der Sanktionen, sondern gleichzeitig auch über ein Einlenken Russlands in der Ukrainefrage verhandeln wird. Und was Putin von Trump dafür fordern wird. Und weiter: Was Trump im Falle solcher Forderungen zu erfüllen willens und imstande ist.

Wenn es nach Putin geht, sollte sich die NATO vermutlich möglichst von den Grenzen Russlands entfernen. Da hat Präsident Barack Obama vorgebaut. In den letzten Wochen seiner Präsidentschaft hat er der US-Armee den Befehl gegeben, einige hundert Mann und Panzer nach Polen und Litauen zu verlegen. Die Truppen sind inzwischen eingetroffen. Es ist, als wollte Obama damit sicherstellen, dass sein Nachfolger Trump nicht so leicht auf die von Putin zu erwartenden Forderungen eingehen kann. Das Verhältnis Obamas zu Putin war nie sehr gut, Obama machte sofort mit, als es darum ging, Russland mit Sanktionen zu belegen. Er nannte Russland »eine Regionalmacht«, also keine Großmacht mehr, was Putin doch eigentlich erreichen will. Obama wies auch an die 30 russische Diplomaten außer Landes, wegen der von der CIA gemeldeten russischen Hackerangriffe während des US-Wahlkampfes. Interessanterweise übte Putin nicht gleich Vergeltung, sondern erklärte, damit auf die Ablösung Obamas durch Trump warten zu wollen.

Eine amerikanische Zurückhaltung innerhalb der NATO könnte den Vorstellungen Trumps durchaus entsprechen. Trump äußerte im Wahlkampf und in einem Interview danach eine Reihe von Zweifeln an der NATO und bezeichnete sie als »obsolet«. Er antwortete auch nicht eindeutig auf die Frage, ob die USA bereit wären, etwa für ein von Russland bedrohtes NATO-Mitglied Estland in den Krieg zu ziehen.

Der Raketenschild

Soweit die europäische Agenda, was das Treffen zwischen Trump und Putin betrifft. Bei früheren Gipfelgesprächen amerikanischer Präsidenten mit Russland beziehungsweise der Sowjetunion ging es fast immer auch um die Frage der gegenseitigen atomaren Bedrohung. Der vorletzte Präsident der USA, George W. Bush, hatte es sogar gewagt, eines der wichtigsten Abkommen Amerikas mit Russland betreffend die Atomraketenrüstung einseitig aufzukündigen, den Vertrag mit dem Namen SALT, der die strategische Beschränkung der atomaren Rüstung vorsah.

Der wichtigste Punkt dieses Abkommens war die Verpflichtung der USA und der Sowjetunion, auf den Bau von Raketenabwehrschilden zu verzichten. Um das zu verstehen: Keine der beiden Seiten kann es wagen, einen Atomkrieg zu beginnen, denn selbst wenn es gelänge, den Gegner durch einen überraschenden, massiven Raketenangriff praktisch atomar zu vernichten, hätte der angegriffene Staat immer noch die Möglichkeit, von seinen in den noch intakten Silos und den Meeren untergetauchten U-Booten Atomraketen zu starten, die dann den Angreifer ebenso vernichten würden. Das heißt: Wer angreift, vernichtet nicht nur den Gegner, sondern kann auch selbst vernichtet werden. Kissinger bezeichnete dieses Abkommen als »Gleichgewicht des Schreckens«. Ich besuchte mit Kameramann Sepp Riff das Hauptquartier der amerikanischen Raketenstreitkräfte und nannte das dort besichtigte Raketenarsenal in meiner TV-Dokumentation und meinem Buch »Friede durch Angst«.

Das heißt, der Friede zwischen den beiden großen Atommächten wurde also eingehalten, weil jede der beiden wusste, dass sie nach einem Angriff auch mit der Selbstvernichtung rechnen musste – es sei denn, eine der beiden Mächte würde einen Abwehrschild errichten, der den zu erwartenden Gegenangriff effektiv abfangen könnte. Der Verzicht auf den technisch möglichen Abwehrschild sollte also sicherstellen, dass dieses Gleichgewicht des Schreckens bestehen blieb. Präsident George W. Bush wollte sich über dieses Abkommen hinwegsetzen: Er plante, einen Abwehrschild zu errichten, und zwar in Europa, ganz nahe der Sowjetunion, mit Radarstationen und Abwehrraketen in Polen und in Tschechien. Und die beiden Länder waren damit auch voll einverstanden, denn sie glaubten, durch die Stationierung amerikanischer Kräfte auf Stützpunkten im eigenen Land unter einem besonderen amerikanischen Schutz vor Russland zu stehen.

Präsident Obama hat diese Pläne von Präsident Bush offiziell nicht abgeblasen. Das heißt, die Errichtung eines solchen Schutzschildes der USA ist weiterhin möglich. Auch in diesem Fall dürfte Putin auf volle Klarheit bestehen. Bush hatte die Errichtung des Abwehrschilds mit der Erklärung begründet, es würde sich nicht gegen Russland richten, sondern nur gegen die sogenannten Schurkenstaaten wie etwa den Iran, wenn der sich atomar bewaffnen würde. Eine Begründung, die auf russischer Seite natürlich nie geglaubt wurde. Barack Obama hatte auch versucht, mit Russland zu einer weiteren Reduzierung der vorhandenen Atomwaffen zu kommen, nach anfänglichen Erfolgen blieben diese Verhandlungen aber stecken. Im Sinne des Weltfriedens wäre daher zu wünschen, dass Trump und Putin sich mit diesen weltbedrohenden Fragen auch befassen und möglichst auf eine weitere Beschränkung der Atomwaffen einigen.

Das alles setzt voraus, dass es tatsächlich zu dem von Trump angekündigten und übrigens auch schon von russischer Seite so gut wie bestätigten Treffen zwischen Trump und Putin kommt. Denn so einfach, wie das zunächst schien, wird es nicht möglich sein, die gegen Putin erhobene Beschuldigung, mit Hackerangriffen in den amerikanischen Wahlkampf eingegriffen und damit die Wahl Trumps sichergestellt zu haben, zu beseitigen. Die CIA und andere Geheimdienste der USA erklärten ja, über Beweise zu verfügen, dass der russische Geheimdienst auf persönlichen Befehl Putins gehandelt habe. Die CIA hat dem gewählten Präsidenten Trump ihre Erkenntnisse und damit angeblich auch Beweise über diesen unerhörten Eingriff Russlands vorgelegt. Trump aber zweifelte diese Beweise zumindest an.

Das löste eine weitere Empörung in den USA aus: Wie soll denn das weitergehen, wenn der Präsident der USA jenen Geheimdiensten nicht vertraut und ihre Erkenntnisse ablehnt, von denen seine künftigen Entscheidungen doch weitgehend abhängig sein werden, denn kein Präsident kann ohne das Wissen und den Rat der Geheimdienste weltpolitische Entscheidungen treffen. Da sind also einige Reibungspunkte vorprogrammiert.

Das Problem China

Aber Trumps Sorgen sind damit noch lange nicht er-schöpft. Nicht nur in Europa und im Nahen Osten sind große Probleme zu lösen, auch im Fernen Osten steuert Trump unter Umständen auf einen schweren Konflikt zu. Sehr rasch nach seiner Wahl hat Trump die bestehenden Handelsabkommen mit Mexiko und China für null und nichtig erklärt. Das schien auf seiner Linie zu liegen – er würde die nach China und Mexiko verloren gegangenen Jobs nach Amerika zu-rückbringen, versprach er. Ich habe auf meinen China-reisen selbst gesehen, wie in den Fabriken in Tag- und Nachtschichten so ziemlich alles erzeugt wird, was in den USA an elektronischen Geräten gebraucht und verkauft wird. Und nicht nur die USA, auch die Märkte in Europa werden von chinesischen Produkten überschwemmt.

Vor Kurzem wollte ich ein Zimmerfahrrad erstehen. Eines »*Made in China*« wurde mir angeboten. Ich fragte, ob es nicht auch ein Zimmerfahrrad aus Österreich, Deutschland, Frankreich oder Italien gebe. Man zeigte mir eine ganze Reihe von Zimmerrädern, die deutsche, französische und italienische Firmennamen trugen, aber meinte dazu, egal welche Firma draufstehe, sie alle seien »*Made in China*«. Das ist die Folge der Globalisierung, die an und für sich dafür sorgen sollte und auch gesorgt hat, dass auch ärmere Völker in den Genuss des Welt-handels kommen.

Donald Trump scheint zu glauben, dass er diesen Prozess zumindest gegenüber China und Mexiko rückgängig machen kann. Sein dafür angekündigtes Instrument ist die Verhängung hoher Einfuhrzölle für Produkte aus diesen beiden Ländern. Trump trug selbst während des Wahlkampfes Baseballkappen – wie auch seine Anhänger – mit dem Slogan »*Make America Great Again*«. Im Inneren der Kappe aber stand »*Made in China*«.

Das ist nur eine Seite des Problems mit China. Auf der anderen stehen die Sorgen der amerikanischen Verbündeten Japan, Südkorea und der Philippinen, die sich besonders von der chinesischen Aufrüstung auf dem Atom- und Raketensektor zunehmend bedroht fühlen und mit China zum Teil auch schon im Konflikt stehen, weil China die kleinen Inseln im Südchinesischen Meer für sich reklamiert und Anstalten macht, dort militärische Stützpunkte zu errichten. Einer der ersten ausländischen Staatsmänner, die Kontakt mit dem gewählten Trump suchten, war der japanische Ministerpräsident Abe. Er kam mit der besorgten Frage, ob die USA ihr Schutz- und Trutzbündnis mit Japan auch künftig einhalten würden, vor allem wenn Nordkorea, ein Verbündeter Chinas, seine Atom- und Raketenrüstung weiter vorantreibe.

Das alles könnte recht bald zu einem echten Konflikt zwischen den USA und China führen, zu einem Handelskrieg, aber auch zu einer militärischen Konfrontation. Dessen ist sich Trump bewusst. Und er, der sonst alles besser weiß, hat sich, was China betrifft, sogar Rat geholt bei einem, der schon einmal entscheidend zu einer großen Verständigung zwischen China und den USA beigetragen hat – bei Henry Kissinger, dem damaligen Außenminister unter der Präsidentschaft Richard Nixons. Er vermittelte die erste persönliche Zusammenkunft zwischen Nixon und dem »großen Steuermann« Chinas, Mao Zedong. Das war eine Weltsensation, eingefädelt und zustande gebracht von Henry Kissinger. Und siehe da, kaum war Donald Trump gewählt, tauchte Kissinger wieder in Peking auf und traf dort die höchsten Führer Chinas. Kissinger machte keinen Hehl daraus, dass er dort über Donald Trump gesprochen hat. Mit welchem Resultat allerdings, darüber schwieg Kissinger in der Öffentlichkeit. Noch hofft man in den USA, dass sich eine Konfrontation mit China vermeiden lässt.

Sehr geschickt jedoch hat sich Trump im Bezug auf China bisher nicht gezeigt. Er nahm einen Glückwunsch zu seiner Wahl vonseiten der Präsidentin Taiwans, Tsai Ing-wen, telefonisch entgegen und führte bei dieser Gelegenheit gleich ein langes, freundliches Gespräch mit ihr. Das wurde natürlich sofort bekannt und führte zu einem sehr schroffen Protest Pekings. Denn Taiwan wird von China als eigenes chinesisches Territorium angesehen, das sich völlig illegal als Republik China bezeichnet. Wer mit China normale Beziehungen wünscht – diplomatisch, politisch und wirtschaftlich –, darf also das »abtrünnige« Taiwan nicht als selbstständiges Land anerkennen. Dieser Doktrin haben sich auch die USA gebeugt, und offiziell gilt nur das kommunistische

China als China. Aber Amerika hat Taiwan seit dem chinesischen Bürgerkrieg und der Ausrufung des kommunistischen Chinas wirtschaftlich und militärisch immer unterstützt und tut es auch heute noch. Nur offiziell darf es das nicht, und der neue amerikanische Präsident hat dem auch Folge zu leisten – eine Tatsache, über die sich Trump vielleicht wissend, vielleicht auch noch unwissend hinweggesetzt hat. Auch ein Umstand, der die Berater rund um Trump beunruhigt: Sie wissen nicht, was Trump gerade einfällt, was er weiß oder nicht weiß, ob er sich Rat holt oder über jeden Rat hinwegsetzt, wenn es ihm so passt.

So ist es auch noch ungewiss, mit welchen Maßnahmen Trump die amerikanischen Unternehmen dazu zwingen will, die Produktion von Gütern in China und Mexiko aufzugeben und stattdessen in die Errichtung neuer Fabriken in den USA zu investieren, also »die Jobs« nach Amerika zurückzubringen. Angekündigt hat er, er werde alle außerhalb der USA erzeugten und in die USA importierten Güter mit hohen Zöllen belegen. Das würde den Preis für diese Güter so stark erhöhen, dass es sich nicht mehr lohnen würde, sie in China oder Mexiko produzieren zu lassen. Auch hat Trump schon angekündigt, Firmen, die in den USA neue Jobs ermöglichen, durch günstigere Steuern und andere wichtige Erleichterungen zu belohnen. Der Autoerzeuger Ford war daraufhin der erste, der auf die geplante Errichtung eines weiteren Werks in Mexiko verzichtete.

Nach Ansicht führender Wirtschaftsfachleute könnten hohe Einfuhrzölle rasch zu einem Handelskrieg führen, nicht nur der USA mit China, sondern auch mit der EU. Denn die europäischen Exporte in die USA müssten dann wohl auch mit den gleichen Zöllen belegt werden. Doch werden China und die Europäer dies vermutlich nicht so einfach hinnehmen, sondern mit Vergeltung antworten. China etwa könnte damit drohen, die in seinem Besitz befindlichen US-Schatzscheine im Wert von über einer Billion Dollar auf dem Markt gegen die USA einzusetzen. Die Europäer könnten eine Reihe großer amerikanischer Exporteure mit Zollschranken und anderen Hindernissen bestrafen. Ein solcher Handelskrieg würde sich schnell ausdehnen, denn in der globalisierten Wirtschaft wären durch solche Maßnahmen viele Länder betroffen.

Trump könnte damit einen Teil der Klientel der Republikanischen Partei in Schwierigkeiten bringen. Diese ist auch gar nicht davon begeistert, dass Trump die Grenze zu Mexiko mit einer großen Mauer zu sperren beabsichtigt. Viele amerikanische Unternehmen könnten kaum noch existieren, wenn die Tausenden Mexikaner und Latinos, die sich Jahr für Jahr über diese Grenze in die USA durchschlagen, nicht mehr kämen, um die schlechtest bezahlten Jobs anzunehmen. Trump hat sie alle als Drogenhändler, Kriminelle und Vergewaltiger bezeichnet, um den Mauerbau zu rechtfertigen. Doch seine Vorstellung, durch den Mauerbau Arbeitsplätze für die Amerikaner zu schaffen, wird sich nicht erfüllen, denn selbst arbeitslose Amerikaner werden diese schlecht bezahlten Jobs nicht annehmen.

Die Einzigartigkeit der USA

»*Make America Great Again*« – was Trump damit genau meint, hat er nicht wirklich definiert. Im Selbstverständnis früherer Präsidenten, aber auch im öffentlichen Bewusstsein der USA verstand man darunter die Einzigartigkeit dieses Landes – einzigartig aufgrund seines Werdens zur Nation, hauptsächlich durch Einwanderung, seiner 230 Jahre alten Verfassung, seiner Demokratie, seiner für so lange Zeit offenen Grenzen für die Verfolgten, die Hungernden, die Bedrohten dieser Welt, seines weltweiten Einsatzes für die Menschenrechte und die Demokratie, auch für seine Bereitschaft, für diese Werte einzustehen, notfalls sogar dafür in den Krieg zu ziehen. Davon hat man aus dem Trump-Lager bisher so gut wie nichts gehört, in mancher Hinsicht sogar das Gegenteil, nämlich einen Rückzug aus der Weltverantwortung, ein Abstandnehmen selbst gegenüber Verbündeten. Es bleibt abzuwarten, wie sich das Trump-Lager zu dieser Einzigartigkeit Amerikas künftig verhalten wird. Aber »groß und stark« wird es ohne das Bekenntnis zur und den Einsatz für die Einzigartigkeit Amerikas wohl nicht werden.

Etwas davon zu hören aber hatte die Welt erwartet, als Donald Trump am 20. Januar 2017 vor dem Kapitol in Washington als 45. Präsident der USA vereidigt wurde und danach die traditionelle Ansprache an die Nation und die Welt hielt. Doch die Enttäuschung war groß. Der Präsident ließ im Grunde genommen nicht durchblicken, was er sich in den USA selbst und in der Welt vorgenommen hat. Statt einer Weltansprache hielt er an seiner Wahlkampfrhetorik und Wahlkampfpolemik fest.

Was er über die USA und die Amerikaner sagte, hörte sich so an: »Zu lange hat eine kleine Gruppe die Vorteile des Regierens genossen, während das Volk die Kosten zu tragen hatte. Washington florierte, aber das Volk hatte keinen Anteil an diesem Reichtum. Politikern ging es immer besser, aber die Arbeitsplätze verschwanden und die Fabriken schlossen. Das Establishment schützte sich selbst, aber nicht die Bürger dieses Landes. Ihre Siege waren nicht eure Siege. Ihre Triumphe waren nicht eure Triumphe. Und während sie in der Hauptstadt der Nation feierten, hatten die bedrängten Familien überall in unserem Land wenig zu feiern.«

Anwesend bei dieser Zeremonie waren vier frühere Präsidenten der Vereinigten Staaten: Jimmy Carter, Bill Clinton, George W. Bush und Barack Obama. Und das mussten sie sich anhören! Dann verkündete Trump: »All das ändert sich von genau diesem Moment an und genau von diesem Ort aus, denn dieser Moment ist euer Moment und er gehört euch! Das ist euer Tag! Das ist eure Feier. […] Der 20. Januar 2017 wird in Erinnerung bleiben als der Tag, an dem das Volk wieder die Herrschaft dieser Nation übernommen hat! Die vergessenen

Männer und Frauen dieses Landes werden nicht länger vergessen sein. Jeder hört ihnen jetzt zu. Sie sind zu Millionen zusammengekommen, um an einem historischen Moment teilzunehmen, wie die Welt ihn noch nie zuvor gesehen hat! Im Zentrum dieser Bewegung steht die entscheidende Überzeugung, dass eine Nation existiert, um ihren Bürgern zu dienen!«

Dann wandte sich Trump der Welt zu: »Über viele Jahrzehnte haben wir ausländische Volkswirtschaften bereichert, auf Kosten der amerikanischen Wirtschaft, haben die Armeen anderer Länder finanziell unterstützt, während wir die Verarmung unseres Militärs zugelassen haben. Wir haben andere Länder reich gemacht, während der Wohlstand, die Stärke und das Selbstvertrauen unseres Landes am Horizont verschwunden sind. Unsere Fabriken schlossen – eine nach der anderen – und verließen unsere Gestade ohne einen einzigen Gedanken an die Millionen und Abermillionen von Arbeitern, die zurückblieben. Der Reichtum unserer Mittelschicht wurde aus ihren Heimen gestohlen und verteilt in der ganzen Welt. Aber das war die Vergangenheit, und jetzt blicken wir in die Zukunft.«

Und so soll sie aussehen, die Zukunft der USA unter Donald Trump: »Ab diesem Tag wird eine neue Vision unser Land bestimmen. Von diesem Tag an heißt es: Amerika zuerst! Amerika zuerst, jede Entscheidung über Handel, über Steuern, über Einwanderung, über die Außenpolitik wird so getroffen, dass sie amerikanischen Arbeitern und amerikanischen Familien nützt. Wir müssen unsere Grenzen schützen vor der Verwüstung durch andere Länder, die unsere Produkte nachmachen, unsere Unternehmen stehlen und unsere Arbeitsplätze vernichten.«

In diesem Ton ging es weiter bis zum Schluss: »Zusammen werden wir Amerika wieder stark machen. Wir werden Amerika wieder wohlhabend machen. Wir werden Amerika wieder stolz machen, wir werden Amerika wieder sicher machen. Und ja, zusammen werden wir Amerika wieder großartig machen!«

Kein Wort aber darüber, wie Trump das machen will. In der Rede ging es auch nur ein einziges Mal um ein Weltproblem. Da wurde Trump sogar konkret: »Wir werden alte Bündnisse verstärken, wir werden neue schließen und uns zusammenschließen gegen den radikalen islamischen Terrorismus, den wir vom Angesicht der Erde ausradieren werden!«

So unkonkret Trump in dieser Rede blieb, so konkret wurde er schon in der ersten Stunde nach seiner Amtseinführung im Weißen Haus. Das erste Dokument, das er hier unterzeichnete, war die Aufkündigung der Gesundheitsreform, mit der Barack Obama zwölf Millionen amerikanische Bürger mit einer Krankenversicherung versehen hatte und die die republikanischen Abgeordneten unentwegt bekämpft hatten. Während des Wahlkampfs hatte Trump versprochen, er werde Obamacare abschaffen und durch etwas Besseres ersetzen. Abgeschafft hat er sie nun, auf das Bessere müssen die zwölf

Millionen jetzt noch warten. Aber eines konnte Trump nun mit Genugtuung feststellen: Das große Werk, das Obama in seiner Präsidentschaft, trotz heftiger Opposition, zustande gebracht hat, das hat der neue Präsident mit einem Federstrich ausgelöscht.

Auch ein zweites Wahlversprechen hat Trump gleich nach dem Einzug ins Weiße Haus begonnen umzusetzen: Die große Mauer, die er entlang der Grenze der USA zu Mexiko errichten will, um den Zustrom illegaler Arbeiter aus Mexiko und Südamerika in die USA »endgültig zu stoppen«. Deren Errichtung soll sofort beginnen, einstweilen bezahlt aus Steuergeldern, später würde Mexiko dafür zahlen, sagt Trump. Mexiko sagt Nein, woraufhin Trump nun überlegt, ob er die Überweisungen der Millionen Mexikaner besteuern soll, die meist illegal in den USA leben und Geld an ihre Familien zu Hause schicken.

Aber das ist erst der Anfang. Um »die Jobs nach Amerika zurückzubringen«, übt der Präsident schon jetzt Druck aus auf amerikanische Unternehmen, die die Absicht haben, weiterhin Fabriken in Mexiko zu errichten, um dort billig zu produzieren und die erzeugten Waren dann gemäß dem bestehenden Handelsabkommen NAFTA zwischen den USA, Mexiko und Kanada zollfrei in die USA einzuführen. Das sollen sie gefälligst bleiben lassen, dafür werde er ihnen als Präsident eine ganze Reihe von steuerlichen und bürokratischen Belastungen in den USA aus dem Weg räumen. Ford und General Motors, die zwei von drei übrig gebliebenen großen Automarken in den USA, haben sich dem Druck schon gebeugt. Ihre nächsten Investitionen werden in den USA getätigt. So schnell aber werden andere Autobauer nicht reagieren können – Mercedes, BMW, auch Teile von Volkswagen, und erst recht nicht die Japaner mit ihren Toyotas.

Und dann erst China: In den letzten zwei Jahrzehnten haben zahlreiche große amerikanische Firmen die billigen Löhne in China dazu genutzt, um so gut wie alle ihre Produkte in chinesischen Fabriken herstellen zu lassen und in die USA zu importieren. Trump hat schon angekündigt, dass er das unterbinden werde. Und zwar sehr einfach: Jedes im Ausland erzeugte Produkt werde bei der Einfuhr nach Amerika mit 35 Prozent Zoll belegt. Das werde die Produkte so verteuern, dass es sich nicht mehr lohne, sie in China produzieren zu lassen.

Und solche Zollabgaben würden natürlich nicht auf China beschränkt bleiben, sondern genauso alle Importe aus Europa betreffen. Europa exportiert in die USA Waren im Werte von rund 45 Milliarden Dollar pro Jahr. In Deutschland stehen die USA als Handelspartner an erster Stelle, gefolgt von Frankreich.

Die Folgen der von Trump beabsichtigten Zollpolitik sind vorauszusehen: China wird sich vehement dagegen wehren, dass es auf solche Weise seine Haupteinnahmequelle verliert. China hat über viele Jahre selbst dafür gesorgt, dass die USA den Abfluss der Milliarden Dollar nach China nicht so hart zu spüren bekommen: Man nahm statt der Dollar Schatzscheine, Bonds, aus den USA in Zahlung oder kaufte den USA diese Schatzscheine in Milliardenhöhe ab. Diese Schuldverschreibungen könnte China auf dem internationalen Finanzmarkt künftig ins Spiel bringen und damit die USA unter starken Druck setzen. Auch Europa würde auf die amerikanische Zollpolitik zumindest mit entsprechenden Gegenmaßnahmen, mit Zöllen und Handelsschranken gegenüber amerikanischen Firmen reagieren. Große Handelskriege stünden der Welt da bevor.

Aber zurzeit ist das wahrscheinlich nicht die größte Bedrohung, die der Trump'sche Wahlsieg für Europa bedeutet. Ein Jubelschrei ging durch die Führungen aller nationalistischen Parteien in Europa, als nicht Hillary Clinton, sondern Donald Trump zum Präsidenten gewählt wurde: Ein Nationalist, einer, der sich gegen das Establishment – also gegen die etablierten Parteien – wendet, der sich mit »dem Volk« gegen die ganze Welt verbündet, der die NATO »obsolet« nennt, einer, der die Europäische Union mehrfach als einen Hauptfeind der USA bezeichnet hat, der den Bruch Großbritanniens mit Europa, den Brexit, begrüßt und der neuen britischen Premierministerin Theresa May auch schon ein eigenes Handelsabkommen in Aussicht gestellt hat, um sie in ihrem Ringen mit den Europäern voll zu unterstützen.

Einen besseren Verbündeten konnten sie sich gar nicht wünschen: Marine Le Pen in Frankreich, Geert Wilders in den Niederlanden, Frauke Petry in Deutschland und auch die FPÖ feierte den Wahlsieg Trumps. Selbst Russlands Wladimir Putin hatte sehr gehofft und vielleicht auch einiges dazu getan, dass Donald Trump gewählt wurde. Sie alle sind EU-skeptisch, wünschen sich ein anderes Europa, eines, in dem die Nationalstaaten wieder »ihr eigenes Schicksal bestimmen«, so wie es Trump gerade für Amerika verkündet hat, *America first*. In den meisten ihrer Staaten finden im Jahr 2017 Wahlen statt, Parlamentswahlen und Präsidentenwahlen. Und die Nationalen erhoffen sich überall Siege, so wie Trump es in Amerika geschafft hat.

Was ihnen allen noch nicht ganz zu Bewusstsein gekommen zu sein scheint, ist, dass mit Trump höchstwahrscheinlich die gesamte Weltordnung, so wie sie sich in den letzten 70 Jahren entwickelt hat, aus den Angeln gehoben wird. In den Jahren, in denen der Kommunismus unter Führung der Sowjetunion eine echte Bedrohung darstellte, konnte sich Europa stets auf Schutz und Schirm durch die USA verlassen, denn die parierten alles mit dem Marshallplan und ihrem eigenen atomaren Potenzial. Selbst bei lokalen Krisen in Europa, wie etwa bei den Kriegen im sich auflösenden Jugoslawien, waren es die USA, die dort entscheidend eingriffen und den Frieden wiederherstellten.

Es ist schon richtig, dass es die Amerikaner beziehungsweise ihr Präsident George W. Bush selbst waren, die ihre Rolle als Ordnungsmacht überzogen und aufs Spiel setzten, als sie die Kriege im Irak vom Zaun brachen und damit das Dilemma einleiteten, in dem der Nahe Osten noch heute steckt – mit allen Folgen, die das durch die Flüchtlingskrise auch für Europa nach sich zog.

Mit den Konsequenzen, die der Sieg Donald Trumps mit sich bringt, muss Europa nun allein fertig werden. Mit den nationalistischen Kräften in den eigenen Ländern und auch wie es selbst seine Zukunft gestalten will: gemeinsam als Union oder jeder für sich. Gerade der Krieg in Syrien hat doch gezeigt, wo die Schwachpunkte Europas liegen. Wieso konnte Europa zu keinem Zeitpunkt die Entwicklungen im Irak und in Syrien in irgendeiner Weise beeinflussen? Und wieso konnte Russland das ganz entscheidend tun? Weil es Europa beziehungsweise der Europäischen Union bis heute nicht gelungen ist, sich auf eine von all ihren Mitgliedern gemeinsam getragene Sicherheits- und Verteidigungspolitik zu einigen. Und es gibt keine Sicherheits- und Verteidigungspolitik ohne die Instrumente, die eine solche Politik braucht, um Gewicht zu haben – eine gemeinsame Armee mit einem gemeinsamen Kommando und eine Führungsstruktur, die in der Lage ist, dieses Potenzial auch einzusetzen.

Trump und Putin, so ist zu erwarten, werden sich vermutlich auf einen Deal verständigen. Gemeinsam dürften sie den Islamischen Staat ausschalten, aber nicht so selbstverständlich werden sie danach die Probleme des Nahen Ostens und besonders die in Europa ohne die Mitwirkung Europas lösen können. Die Antwort auf

Donald Trumps »*America first*« kann und darf daher nur sein, dass die Europäer aus ihren nationalistischen Albträumen erwachen und endlich zu der Solidarität finden, die sie als Einheit handlungsfähig macht. Trumps Wahl ist ein Weckruf für Europa. Man kann nur hoffen, dass es ihn auch hört und aufwacht.